卷二

中华谚语大全

郑红峰 主编

吉林出版集团有限责任公司

图书在版编目（CIP）数据

中华谚语大全 / 郑红峰主编. -- 长春 ：吉林出版集团有限责任公司，2011.7
ISBN 978-7-5463-5925-0

Ⅰ. ①中… Ⅱ. ①郑… Ⅲ. ①汉语－谚语－汇编 Ⅳ. ①H136.3

中国版本图书馆CIP数据核字(2011)第139213号

中华谚语大全

主　　编：郑红峰
出 版 人：周殿富
责任编辑：耿　宏　冯　雪
书装设计：张立娟
出版发行：吉林出版集团有限责任公司
电　　话：0431-86012613
印　　刷：三河市文通印刷包装有限公司
开　　本：850mm × 1168mm　　1 / 16
字　　数：800千字
印　　张：50.5
版　　次：2011年7月第1版
印　　次：2011年7月第1次印刷
书　　号：ISBN 978-7-5463-5925-0
定　　价：395.00元（古典函套线装 全四册）

前　言

中国谚语的产生、发展，历经了两千多年的历史，只要有人们聚集说话的场合，就会有谚语的传播。谚语是劳动人民在改造世界的过程中，通过不断观察事物，了解现象，并结合生产、生活实际归纳出来的一种语言，如“吃一堑，长一智”、“远水不解近渴”、“吹什么风，落什么雨”、“忙中易出错”“笨鸟儿先飞”等。谚语以言简意赅，通俗易懂、生动活泼的短句形式在广大民众中流传。

谚语在语言文学宝库中占有重要地位。它哲理丰富，质朴明快，以含蓄隽永的艺术语言向人们揭示真理、传授经验，使人们从中获得智慧、受到启迪。千百年来，谚语一直受到人们的喜爱，成为代代相传的精神财富。许多谚语在传承发展的过程中，经过不断加工、锤炼，内容越来越丰富多彩，语言越来越生动活泼，形式越来越简洁整齐。因此，谚语常常被比喻为“哲理小诗”、“智慧的海洋”、“生活中的百科全书”。

谚语内容丰富，涉及面广，大致可分为如下几类：

一、生产谚语。是人们在总结生产经验时得出的智慧。包括天象、时令耕作、家畜饲养，手工作业等内容，如“清明前后，栽瓜种豆”、“早霞不出门，晚霞行千里”、“春雨贵如油”、“马无夜草不肥”等。

二、社会谚语。反映世间百态的内容。如“千人所指，无病而死”、“一正压百邪”、“有钱能使鬼推磨”、“挂羊头，卖狗肉”等。

三、生活谚语。反映人们的世界观，以及总结生活中的各种经验的内容。如“有志者，事竟成”、“人穷志不短”、“若要精，人前听”、“饭后百步走，活到九十九”等。

从谚语的内容可以看出，谚语来自民间，创作者就是人民群众。优秀的谚语在群众中广泛流传，并一代代地传给后人。许多历经千百年的谚语，至今仍留存在人们心中。不同的时代会产生不同的谚语，随着社会的发展，谚语从内容到形式都不断的变化。

《中华谚语》一书在编写的过程中，本着科学、规范、实用的原则，从收集的数万条谚语中选取其中的精华约11500条。收录的谚语哲理丰富，涉及范围广，从婚姻家庭到社会百态，从军事历史到处世哲学，从天文地理到农、工、商、建，从养生保健到琴棋书画……大千世界，千姿百态均有涉及。本书为了便于读者阅读和掌握，在每句谚语下面标注了简单的释义。

本书在编排上站在方便阅读的角度，所收谚语按类别编排，每类中的词条按拼音排序，以便读者检索。

需要指出的是，有个别谚语存在一些片面和错误的认识，含有不太健康的内容，如宣扬宿命理念、自私自利思想等，望广大读者在阅读中，批判地继承使用。

本书疏漏处，还望广大读者以及有关专家学者给予批评指正，以便修订时更正。

编　者

目　录

第一册

卷一　社会　军事　政治

卷二　礼节　修养　志向

卷三　节气　天象　时令

第二册

卷四　劳动　经济　生产

卷五　家庭　人际　交往

第三册

卷六　经验　事理　规律

第四册

卷八　教育　文化　常识

卷九　辨证　对立　统一

卷十　精神　心态　感情

卷十一　境遇　贫富　得失

卷十二　生理　保健　健康

卷十三　股市谚语

卷一　社会　军事　政治

A

哀兵必胜，骄兵必败

说明受压抑而反抗的部队，必然能打败敌人；骄傲的部队必定失败。比喻两者力量相当时，胜负常取决于双方各自的心态，要戒骄戒躁。

矮子队里选将军

比喻都不够格，只能在差的人中间选择一个较好的。

矮子群里拔不出将军

比喻在不出众的人群中很难选出优秀者。

爱跟英雄战，不爱跟狗熊斗

比喻愿意与英雄战斗，不想跟懦夫较量。

爱将如宝，视卒如草

指古时候主帅像爱惜珍宝一样爱惜自己的将领，而对待士卒却像草木一般轻视。

安不忘危，治不忘乱

指处于安定和平的环境中，不要忘记可能出现的危险和祸乱。说明人要有远见。

岸上修船易，到得江中彻底沉

比喻船坏了，如果在岸上很容易修好，到了水流和风速极大的江海中，就会完全沉没。说明问题要从根本上解决，不能只做表面文章。

B

八月十五过大年

意思指有些地方的中秋节好比过年一般热闹喜庆。

白日便见簸箕星

簸箕星即扫帚星。迷信的人认为扫帚星的出现意味着将会发生灾祸。所以带来灾祸的人被认为就是扫帚星。比喻偶然出现的一种利益冲突。

百船出港，一船领头

意思是在很多人当中，总有一个人做领头羊。

百将易得，一帅难求

意思为很多平凡普通的将领容易得到，但那些具有优秀领导才能的高级统帅却很难求得。亦指出类拔萃的人才稀少。

百里不同风，千里不同俗

俗是指风俗习惯。距离大约几百里，民风就大不一样；相隔千里左右，习俗就有很大差别。指各地的民风习俗差别很大。

百密未免一疏

意思是筹划得再周密，也免不了会有疏漏。

百年寿限不准有，百年计划不能无

指人虽然不一定能够长命百岁，但不能没有长远的计划。

百人吃百味，百里不同风

指每人有每人的口味，每个地方也有每个地方不同的风俗习惯。

百星之明，不如一月之光

几百颗星星的亮度也不能和一轮明月的光辉相比。比喻再多的普通人也不如一个核心人物的作用大。

百战百胜，不如不战

即使胜仗连连，也不如不打仗好。

百战成勇士，苦练出精兵

意思是多次战斗就能磨炼出勇猛的士兵，艰苦的训练就能培养出精锐的队伍。

败兵之将，不敢言勇

比喻吃了败仗的将领，不敢对他人讲自己的勇敢。多指人受到挫折以后，容易失去自信。

败将不提当年勇

指打了败仗的人没有资格再去炫耀过去的英雄事迹。

败军之将，不足与图存

意谓打了败仗的将领，不值得与他共同策划天下存亡的大计。

搬起石头打自己的脚

比喻想坑害他人，结果自己却因此吃了苦果。

半部《论语》可以治天下

古时推崇《论语》，认为只要运用《论语》的一半思想就能够治理好社会。

伴君如伴虎

陪伴君王好比陪伴老虎，随时都会招来杀身之祸。指古时君王喜怒无常。

帮腔上不去台

比喻在暗中相助的人不能露面。

绑鸡的绳子，捆不住大象

指制伏弱者的手段，不能用于制伏强者。

宝剑必付烈士，奇方必须良医

烈士：有志于有所建树的人。指宝剑应该给予有志之士使用，有特殊功效的药方应该出自良医之手。

保国莫如安民，安民莫如择交

指两国建立友好的邦交关系才能安民，安民才能保国。

备而未战,不是无战;战而无备,必有大患

指做好准备却没有打仗,并不意味着没有战事;要打仗而准备不充分,就会导致大的灾难。

本地姜不辣

比喻土生土长的人或物经常受当地人歧视。

本钱易寻,伙计难讨

指集资容易,但合适的帮手却很难找到。

笨鸭子上不了架

比喻本事不大的人不可能做成大事。

逼民反民自反,君正臣廉民自安

古时认为官府腐败,就会逼得老百姓联合起来反抗;君臣清廉,老百姓自然会安居乐业。

笔头尖上文官业,刀剑撑持武将威

意思为文职官员通过文章展示自己的才能,武将通过武艺树立自己的威信。

扁担没扎,两头失塌

比喻两边都落空,一无所获。

便重不便轻

意思是有些人适合做重大的事情,而不适合承担鸡毛蒜皮小事。

兵败如山倒,胜者似潮来

部队溃败好比山倒塌。指部队一旦溃败,便不可收拾。而战胜方则如潮水一般涌上来。意为事情不可逆转。

兵不厌诈,将贵知机

指打仗时可以运用欺诈的手段来迷惑对方,指挥作战的将领贵在能及时把握有利时机作战。

兵藏武库,马入华山

兵器藏进武库,军马放入华山。意思是天下太平。

兵出无名,事故不成

指出兵打仗,理由不正当就会吃败仗。

兵对兵,将对将

意谓对阵或协作的双方势均力敌。

兵多好打仗,人多好做活

兵多对作战有利,人多对干活有利。比喻人多力量大。

兵贵奇不贵众

用兵打仗贵在出奇制胜,而不在于人多。

兵贵神速

指用兵作战行动要快,才能让敌人出乎意料。泛指行事宜速,努力争取主动权。

兵贵速,不贵久

指用兵打仗宜速战速决,不宜打持久战。

兵过如火烧

古时部队经过一处，就烧杀抢掠，使百姓如同蒙受一场大的火灾。

兵可百年不用，不可一日不备

军队可以长时间不打仗，但不能一天不备战。

兵来将挡，水来土掩

指如果敌人来进犯，自有将领率兵迎战；如果洪水袭来，自有堤坝抵挡。也指根据不同的情况，应该采取行之有效的方法。比喻不管面临何种情况，都要有相对应的应付办法。

兵来将迎，水来土堰

交战时，针锋相对，抵抗敌人。比喻根据具体情况采取相对应策略。

兵来如梳，贼来如篦，匪来如剃

指古时的反动军队同盗贼、土匪一样，抢劫、掠夺老百姓，个个凶残无比。

兵力易聚不易分

打仗时应该集中兵力各个击破，不宜分散。

兵马未动，粮草先行

在军队还没有行动之前，就得先准备好粮食和草料。指行军作战，后勤工作得先做好。

兵是将之威，将是兵之胆

士兵勇敢善战，才能显示将领的威风，将领有谋略，善于指挥，士兵才会勇敢过人。

兵松松一个，将松松一窝

士兵松散只影响个人，将领松散就会影响整个部队。意思指对将领要求更要严格。

兵随将令草随风

士兵服从将领的命令就如草随风而动一样。比喻军令如山倒，每个士兵要服从。

兵无常势，水无常形

用兵作战没有固定的阵势，就好比水不可能有特定的形状一样。

兵无将而不动，蛇无头而不行

指士兵如果没有将领的指挥，步调不可能一致，行军打仗，就如蛇没有头无法爬行一样。比喻如果没有领头人，就办不成事情。

兵无强弱，将有巧拙

指将领的谋略直接影响军队的强弱。

兵无主自乱

如果战场上没有主帅，军队就会一盘散沙。

兵行千里，不战自乏

行军千里，即使不作战，也会疲乏。

兵熊熊一个，将熊熊一窝

当兵的个人没本事，影响不算大，但是首领窝囊就会影响整体的战斗力。

兵要练方可精,刀要磨刃才利

意思是士兵只有艰苦训练,本领才能精强,就像刀要磨砺才能锋利一个道理。

兵有利钝,仗无常胜

武器装备有好有坏,带兵打仗不可能永远都不失败。

兵在精而不在多,将在谋而不在勇

士兵贵在精锐,不在于数量;主将要有谋略,不能只有勇敢。

不打勤,不打懒,单打没长眼

指古代衙门里的监工既不会责罚手脚麻利的工人,也不会责罚拖泥带水的工人,而是责罚那些不会察言观色的工人。

不当官儿不操心,不吃俸禄不担惊

不当朝廷的官吏就不易多操心,不拿朝廷的俸禄就不必担惊受怕,提心吊胆。

不到火候不揭锅

火候:烧火的火力强弱和时间长短。指做饭烧菜时火候不够就不能开锅。比喻做事要把握好成熟的时机,不能盲目采取行动。

不到西天,不知佛大小

西天:佛经中描写的阿弥陀佛居住的地方。指不到西天就不可能知道佛是什么样。比喻不给点颜色就不知道厉害,也比喻不身临其境就不会知道事情的来龙去脉。

不管白猫黑猫,抓住老鼠就是好猫

意思是不管什么样的猫,能抓住老鼠的就是好猫。比喻不管使用什么样的方法,只要能达到最终目的就是好方法。

不厚其栋,不能任重

指只有粗大结实的栋梁,才能承受得住屋架上的沉重压力。比喻只有优秀的人,才能担负起治理国家的重任。

不会做饭的看锅,会做饭的看火

火:火候,指有利的时机。意思指不善于做饭的人总是瞅着锅里的东西,会做饭的人却总将注意力放在火候上。比喻会办事的人总是善于把握时机。

不见兔子不撒鹰

狩猎的人看不见兔子,是不会把鹰放出去的。比喻没发现预期的目标,不到合适的时机,是不会采取行动的。

不见鱼出水,不下钓鱼竿

比喻没有相当的把握,就不贸然采取行动。

不见真佛,不念真经

佛:佛教徒称修行圆满的人。比喻遇不到合适的人就不能把自己的底细或真正的想法等说给别人。

不见真佛不烧香

意思是不了解对方的底细就不能随便采取行动。

不怕不识货,就怕货比货

指不了解产品不用担心,只要和同类产品进行比较,就能判断出孰优孰劣。比喻无论什么事只要经过对比，就能做出正确的判断。

不怕出山狼，就怕藏家鼠

指从山里来的狼并不可怕，可怕的是藏在家里的老鼠。比喻潜藏的恶人比明地里的恶人更阴险、更凶恶。换句话说，潜藏在内部的恶人比明地里的恶人更可怕。

不怕官，只怕管

不怕官大，怕的是直接被管着。指顶头上司对当事人最有约束力。

不怕麻糖棍棍，就怕黄米包粽

麻糖：用麦芽糖制成的小棍状的糖果。黄米：黍子去了壳的果实，比小米稍大，黄色，煮熟后很黏。我国某些地区的风俗习惯，腊月十三要用麻糖祭灶王爷，端午节要吃用黄米和枣包成的粽子。指北方某些地方端午节后正是青黄不接的季节，穷人的日子很难过。

不怕人多心不齐，只要有人扛大旗

只要有威信高的人领导，大家就会积极地同心协力。

不怕人心似铁，难逃王法如炉

比喻人的意志即使如钢铁一般坚强，也难逃如炉火一样的刑法。古时指人终将受制于王法。

不入地狱，不知饿鬼变相

地狱：佛教认为人死后灵魂受难的地方。饿鬼：佛教认为人生前不干好事，死后要堕入饿鬼道，饱受饥饿的痛苦。常用来比喻如果不深入对方内部，就不了解对方的底细。

不施万丈深潭计，怎得鳌鱼上钓钩

鳌：传说中海中的大龟或大鳖。说明没有高深的计谋就不能使有本事的人上当受骗。

不图锅巴吃，不在锅边转

要是不想吃锅巴，就不用在锅旁边站着了。比喻由于有所目的而采取行动。也比喻为了获得利益，不得不去干这些事情。

不行万里路，难见痴人心

意思是要经过长时间的考验，才能真正了解一个人。

不义之饵，鳌将吐之

饵：钓饵，引诱鱼上钩的食物。鳌：传说中海里的大鳖。意思如果钓饵来之不义，即使鳌吞下去了，也会重新吐出来。比喻不守信义的事物，人们都会嫌弃。

不用霹雳手段，显不出菩萨心肠

霹雳：云和地面之间发生的一种强烈雷电现象，响声巨大。比喻手段不强硬，好心肠就显不出来。又喻指恩威并济，才能达到预料目标。

不知道他葫芦里卖的什么药

葫芦：古时用来装盛中药的一种器皿，又称药葫芦。指不了解对方的企图。

C

参谋一群,当家一人

尽管出谋划策的人非常多,但最终做决定的人只有一个。

苍天有眼

指上天能明察善与恶,给予公平合理的奖惩。

草锄不尽,终究是庄稼的害

喻指不彻底铲除恶人,最终还是会给社会带来祸害。

察见渊鱼者不祥,智料隐匿者有殃

察:明察,看得清楚。渊鱼:深潭中的游鱼。隐匿:隐蔽不为人所知的事。指能看清深水中游鱼的人不会有好运,能预知他人秘密的人定会招来灾难。比喻人过于聪明反受其害。

柴多火焰高,人多声音大

意思是人多力量大,就像柴多烧起来火焰高一样。

豺狼当道,安问狐狸

豺狼当道时肆无忌惮,没人过问,反而说起狐狸的罪过。比喻除恶要先除大害,除要害。

谗言误国,淫妇乱家

谗言会危害国家,淫妇会搅乱家庭。

谄言害主,直言救国

奉承话可以祸害国君,耿直的话才能让国家昌盛。

铲尽不平天下平

指铲除所有的邪恶不公平,国家才能安定太平。

长痛不如短痛

长期被痛苦折磨,还不如一时忍受剧痛彻底解决。也指为了避开长期的麻烦,宁愿忍受眼前一时的痛苦。

长线放远鹞儿

鹞:风筝。喻指从长计议,可以取到更大的收获。

长夜酒能淹社稷

社稷:古时君主祭祀的土神和谷神,借指国家的政权。帝王荒淫无度,彻夜饮酒,亵渎国政,会导致国家灭亡。

朝里无人莫做官

如果自己在朝廷里面没有特殊关系的人,就不要做官。指古时做官,得有靠山。也指朝廷里面如果没有主持正义的人,就不要做官。

朝里有人好做官

古时指在朝廷里有后台就容易做官。

朝廷也不使饿兵

使:使用,差遣。皇帝也不差遣没吃饱的士兵去作战。指托人办事之前得先让他吃好饭或说好报酬。

朝有奸逆，山隐草寇；国有良臣，外有忠善

指朝内奸逆当权，英雄豪杰就只能隐居野外；国家有忠良的大臣，百姓就会忠于朝廷，安分守己。古时指社会的安定与朝廷大臣是否清廉有直接关系。

炒豆大伙吃，炸锅一人担

比喻有利益大家共同分享，有问题一个人承担。也就是说，有好处应当一起分享，遇到不好的事应当由一人承担。

车到山前必有路，船遇顶风也能开

比喻事到临头自会有办法能够解决。也比喻只要奋勇前进，任何困难都能克服。常用来鼓励困难当前要坚定信心。

车到山前必有路，船到桥头自然直

比喻事到临头，总会有办法解决问题。

尘世难逢笑口开

尘世：佛教、道教指人世间。佛教中指人世间几乎没有使人开心的事情。

称一称知轻重，量一量知短长

指只有经过实践的检验，才可以对事情作出判别。

成不成，吃三瓶

意思是不管事情办成功能否，得先请人喝酒。

成工不毁

指有做好的工艺品不能随意毁掉重作。比喻新做工艺品耗时费财。

秤锤虽小压千斤

秤锤虽然不大，却能称出千斤重的物体。意思是人小志气大或人物虽渺小起的作用却很大。

秤砣小，坠千斤；胡椒小，辣人心

意思是轻的能压住重的，小的能制服大的。常指不要忽视年轻人的力量。

吃的盐和米，讲的情和理

指做人要讲情意、讲道理。

吃饭还不免掉一个米粒

比喻庞大的工程难免不会出现问题。

吃饭泡米汤，自己作主张

指遇到事情自己要有主见。

吃个鱼头腥个嘴

指鱼的头部虽肉不多，但吃了鱼头肉，嘴上也沾腥。比喻干多干少担当的名声是不变的。

吃瓜莫吃蒂，做官莫作卑

吃瓜不能吃瓜蒂，因为瓜蒂是苦的；当官不能当小官，因为小官处处受制于人。古时认为当官就要当有实权的大官。

吃酒的望醉,放债的图利

泛指人无论做什么事,都有自己的目的。

吃亏人常在

指不愿意占便宜的人一直站得住脚。

吃了砒霜药老虎

砒霜:剧毒药。比喻得不偿失。

吃了蒜瓣知道辣

比喻受到严厉惩处之后才了解对方的厉害,再也不敢胡作非为。

吃了羊肉会惹膻

比喻做了不正当的坏事就会惹祸上身。

吃明不吃暗

指宁愿吃明亏,也不能吃暗亏。

吃哪行饭,说哪行话

指靠哪个行业吃饭的人,经常说的、做的就是哪个行业的事情。

吃人家的嘴软,拿人家的手短

指吃了别人的东西,拿了别人的钱财,腰杆子就挺不起来了,遇事只能顺着别人。比喻接受了人家的宴请或礼物,就不好意思坚持公正,秉公办事。

吃烧饼还要赔唾沫

比喻办事总得花费点钱财。也喻指办事不付出代价是行不通的。

吃一分亏,受无量福

佛家认为,与人相处不占别人的光,会得到很多回报。

吃鱼先拿头

比喻解决问题要抓住领头人或问题的关键所在。

出门看日头,上路看风头,打铁看火头

出门时先看天气情况,上路行走时要观察风向,打铁时要注意火候。意指做什么事情都要善于观察,见机行事。

出其不意,攻其不备

打仗要乘敌人意料不到、毫无防备的时候一举击破。

川泽纳污,山岳藏疾

指川泽之所以博深,是因为能容纳污泥浊水;山岳之所以高峻,是因为它藏得住肮脏的东西。比喻国君应该胸襟宽广,能忍辱含垢、广开言路。

穿青衣,抱黑柱

青衣:黑衣服。说明人应各为其主。

船有好舵手,不怕浪头高

只要有了好的带头人,再大的困难和风险也能克服。

船载万斤,掌舵一人

比喻不论做何事,带头人是最重要的。

春不到,花不开

春天不来,鲜花不会绽放。比喻时机不合适,事情就办不好。

慈不掌兵,义不主财

仁慈之人不能领兵作战,仁义之人不能掌管财务。

从来纨绔少伟男

纨绔:细绢做的裤子,借指富贵人家的子弟。少:少有。比喻富贵人家的子弟几乎没有能够承担重任或有所建树的。

重孙有理告太公

只要有理,辈分或地位低的人也能状告辈分或地位高的人。

村无大树,蓬蒿为林

村子里没有大树,就只能将蓬蒿野草当作树林。意思是没有杰出的人才,只能用平庸之人代替。

存人失地,人地皆存;存地失人,人地皆失

打仗时,双方力量有悬殊时,保存兵力远比收复失地要重要。也指人才在任何时候都应该放在第一位置。

错走一步棋,满盘皆是输

关键时刻的一点点失误,就会功亏一篑。

D

打得一拳去,免得百拳来

先重击一下对方,避免他再度挑衅。也就是说,先给对方点颜色看看,让对方知道你的厉害,就可以避免对方多次重找麻烦。

打狗鸡上墙

打击这个人,使另外一个人也受到了惊吓。

打狗就不怕狗咬,杀猪就不怕猪叫

比喻想制伏对方,就不能担忧对方报复捣乱。

打狗看主面

惩罚一个人要考虑到主子或与他有关的人的颜面。

打狗看主人

惩罚一个人,要考虑到与他有某种关系的人的情面。

打狗如打狼

意指降伏普通的敌人时,也不能轻敌,要拿出对付最凶狠敌人的办法和力量。

打虎不着,反被虎伤

比喻没有除害,反而自己受到伤害。

打虎打头,杀鸡割喉

喻指处理问题只要抓住了关键,就会迎刃而解。

打虎还防虎伤人

意思是打击凶狠的敌人要小心防范敌人反扑。

打虎进深山，捕蛇下箐底

箐：竹木丛生的山谷。比喻办事情要找对门路。

打虎先拔牙

比喻要降服强敌，必须先消灭其最主要的依靠力量。

打人不过先下手

意思是双方发生争斗时应先发制人。

打人休打脸，骂人休揭短

与他人发生争斗时，应考虑到对方的颜面。又指要给他人留些脸面，不要揭他人的短处。

打人一拳，防人一脚

防备敌人的回击。说明在进击敌人时，要谨防敌方反扑。

打蛇不死，自贻其害

打蛇没有打死它，就会自留祸害。

打蛇打七寸

七寸：蛇的要害之处。比喻降敌得攻其要害，做事得抓住关键。

打蛇先打头

打蛇要先打靠近蛇头部的方位。意思指与敌人交战时要先攻其要害。

打蛇先打头，擒贼先擒王

指要想降服敌人，先要擒拿他们的领头人。

打死胆大的，吓死胆小的

惩治胆大的，胆小的自然会收敛。

打死阎王，吓死小鬼

比喻镇压首恶，帮凶就不会胡作非为。

打天下时靠人才创业，坐天下时用奴才享乐

古时指打天下需要有志之士的帮助，坐天下则需要奴才逢迎侍奉。

打铁要趁热，治病要趁早

办事要把握合适的时机，及时采取行动。

打一巴掌揉三揉

比喻软硬兼施，先使其受挫，再示以抚慰。换句话说，先打击敌方，杀去威风，让敌方服输了，然后再拉拢他。

大虫吃小虫

意思指力强的人欺负弱小的人。

大虫欺小虫，蚱蜢欺蝗虫

比喻强势的人总是欺凌弱小的人。

大胆天下去得，小心寸步难行

胆大的人能够闯天下走四方，胆小怕事的人却迈不开第一步。劝诫人做事情不要前怕狼后怕虎，过分谨慎小心。

大盗沿街走，无赃不定罪

没有赃物作证据，就不能随便给他人定罪名。

大佛三百五，各有成佛路

比喻每个人做事有每个人的办法手段。

大缸里打翻了油，沿路儿拾芝麻

意指丢弃大的捡拾小的，得不偿失。

大官不要钱，不如早归田；小官不索钱，儿女无姻缘

指古时不论官职大小，官员都要榨取百姓的血汗钱。

大家马儿大家骑

比喻大家的东西，大家应当共同享用。

大奸似忠，大诈似信

奸佞诡诈的人，往往装出忠诚老实的模样。

大将保明主，俊鸟登高枝

比喻优秀的人才愿意到最能发挥自己才华的地方去施展才能。

大将无能，累死三军

做领导的如果没有才干，人们就会跟着受苦受累。

大将压后阵

指将军不需要在前线冲锋陷阵，只要在后边压阵指挥就可以了。

大里不见小里见

指只看见小处，看不到大处，眼光短浅。

大难不死，必有后福

古时的观念认为遭遇了大灾难而不死，日后一定会有所作为。

大能掩小，海纳百川

意思是人的气量大，胸怀广阔能宽容人。

大屈必有大伸

遭遇过重大冤屈的人必定有申冤及施展抱负的机会。

大人不记小人过

指地位高的人不会念叨地位低的人犯的过错。

大事不可谋于书生

古时认为读书人固执迂腐，优柔寡断，不能够与之共谋大事。

大树不摇，鸟巢自安

比喻只要有靠山在，附庸者自然平安无事。

大树底下好乘凉

大树底下树荫多，是乘凉的好地方。意思是有长辈或有权势者的庇护，就能过上好日子。

大树底下好遮阴

1. 遮阴面积大的树下是乘凉的好地方。2. 比喻有大的势力作垫后，办事就容易。

大树之下，草不沾霜

大树下面的小草由于有树叶的遮挡霜打不到。意思指在有权势者的保护下不会受到侵害。

大水未到先治坝，休到河边再脱鞋

在问题浮现之前，就要想好对付的措施。

大水淹了龙王庙，一家人不认识一家人

龙王管水，自己的庙却被水淹没。意谓一家人之间产生误会或内部出现矛盾冲突。

大王好见，小鬼难当

阎罗王容易见，小鬼最难缠。意谓首领往往好说话，而其手下的人常常不好对付。

大象口里拔生牙

从大象嘴里拔牙。意谓触犯势力强大的人。

带箭野猪猛于虎，老鼠急时会咬人

比喻受到重创后的敌人，为了逃命，会凶悍无比，因此要谨慎小心严加防范。

逮个雀儿还得丢把米

比喻只有付出一定的代价才能如愿以偿。

胆小不得将军做

胆小怕事的人不足以领兵打仗。

当差的官面上看气，行船的看风使篷

下级要看上级的脸色行事，就好比行船时要见风使舵一样。

当官不为民做主，不如回家卖红薯

当官就要给为民办事，否则不如辞官回家。

当官的动动嘴，当兵的跑断腿

上级领导一句话，属下就忙得团团转。常用来讽刺官僚主义作风。

当局者迷，旁观者清

指下棋的人容易糊涂，围观的人却反而看得一清二楚。也指当事人容易头脑发晕，考虑不周；局外人却头脑清醒，看得真切。

当权若不行方便，如入宝山空手回

意指掌权的人如果为别人提供不了便利，就如同进了宝山又空手而归一样。

当堂不让父

公堂之上，即使是做父亲的也得秉公办事。指法不容私。

刀不离手，弓不离身

意思是每时每刻都处于高度的戒备状态。

刀对刀，枪对枪

双方在冲突中针锋相对，格格不入，拼得你死我活。

刀头争功，马背夺官

官位是靠作战立功谋取得到的。

到处灵山都有庙

灵山:佛祖居住的圣地,泛指佛地。比喻好人好事无处不在。

道高一尺,魔高一丈

道:道行,指佛家修行的功夫。魔:魔罗的略称,佛教指破坏修行的恶魔,如烦恼、疑惑、迷恋等。本为佛家语,告诫修行者必须小心世俗的诱惑。比喻取得成功之后,前进的道路上可能会有更大的拦路虎。也比喻总有压倒或打败对方的一着。还比喻正义总能打败邪恶。

得道者昌,失道者亡

符合道义的人昌盛,违背道义的人衰亡。

得理不饶人

指自己有理就不愿让步。

得了便宜还卖乖

占便宜了,还要卖弄自己的小聪明。意思是既得到了好处,又把话说得冠冕堂皇。

得民心者得天下

在政权的夺取中,得到人们真心拥护的一方就能夺得政权。

得民者昌,失民者亡

得民心者昌盛,失民心者衰亡。指民心向背是决定兴亡的关键因素。

得趣便抽身

指得到好处随即就得溜走,不能沉湎其中。比喻做事要知足,要适可而止,该抽身时就抽身,功成身退。

灯台照人不照己

比喻对别人的问题看得很透彻,但对自己就没有自知之明。

地头文书铁箍桶

指地方官府权势比较大,判定的结论不容易改变。

钉子碰着铁头

意指双方都十分强硬。

丢了拐杖就受狗的气

指手中没有木棍,狗就会来咬你。换句说话,人不能放弃自卫的权力,要不然就会受欺负。

东山的老虎吃人,西山的老虎也吃人

喻指坏人的本质都是相同的。

东庄的土地到西庄不灵

比喻权力不在管辖范围之内就不起作用。

动了太岁头上土,无灾也有祸

古时认为太岁之神在地,如果要动土,就得避开太岁的方位,要不然就会遭受祸害。意指触犯了有权势的人会遭受祸害。

肚里没病死不了人

比喻做人只要磊落光明,什么诽谤也不用怕。

肚里没冷病,不怕吃西瓜

比喻不做亏心事,就不担心外人的闲言碎语。也比喻自己行为正派、不做坏事,就不担心外人的批评和议论。

对不识字人,莫作才语

跟不识字的人讲话,要避开文雅的话题。比喻说话要看对象,要因人而异。

对牛弹琴,牛不入耳

用来讥笑说话不看对象的人。比喻讲话不看对象,对愚人讲深奥的道理就会毫无意义。

多个香炉多个鬼

指多一件事物就多一些烦恼。

多里捞摸

指尽力多多获取。

多龙多旱

指龙多了反而互相推诿,谁也不施雨。比喻人多了做事的效率反而会降低。

多算胜少算

多做谋划一定能胜过少做谋划的。也就是说,凡事应多考虑。

多用兵不如巧用计

打仗靠的是计谋而不是人数。意指智取优于力取。

躲得和尚躲不得寺

指和尚能躲过,和尚住的寺院却躲不过。也指出现了问题,当事人逃了,但事体依然还在。即无论如何也逃脱不掉。换句话说,虽然暂时可以逃避,但最终还是得面对。

E

恶狗怕揍,恶人怕斗

指恶人都欺软怕硬,要敢于同恶人斗争到底。

恶虎难斗肚里蛇

意思是再凶猛的老虎也打不过钻进肚子里的蛇。比喻内部的对手是心腹之患,是最难对付的。

恶马恶人骑

比喻恶人会有更凶恶的人来制伏他。

饿急了吃五毒,渴急了喝盐卤

五毒:旧时称蝎子、蛇、壁虎、蜈蚣和蜘蛛为五种毒虫。比喻遇到急事便由不得自己选择。

饿了来馒头,困了遇枕头

指所希望的所需要的,得到了满足或实现。

F

罚不择骨肉，赏不避仇雠

骨肉：指父母、兄弟、子女等亲人。雠：对手，仇雠即仇人。惩罚的时候，不考虑是否是亲人；奖赏的时候，不考虑是否是仇人。指赏罚应一视同仁，不分亲疏远近。

法不责众

意谓法律不能制裁大多数人，只能制裁少部分人。

法律不能松，松了乱哄哄

意谓建立健全的法制十分重要，要不然社会秩序就会混乱。

法网恢恢，疏而不漏

天道的法网，看起来虽然稀疏，但实际上不会漏掉任何一个作恶多端的人。比喻作恶者终究会受制于法。

法无全利

指法令难以完美无缺。

法无三日严，草是年年长

执法经常是开始严格后来松懈，罪犯却往往像青草一样不断滋生。

法正天心顺，官清民自安

执法公正，老天也会顺应；为官清廉，百姓自然平安无事。

法字没多重，万人抬不动

法律制度庄严神圣，不可动摇，无论是谁都必须遵守。

防虎容易防鬼难

指暗中陷害人比猛虎害人还不容易防范。

防君子不防小人

指不论什么制度和措施对那些一心作乱的小人来说，都很难有约束力。

放长线，钓大鱼

把渔竿上的线放得长长的，期望可以钓到大鱼。意指策划周密，引出深藏的、关键的敌人，以求更大的收获。

放虎归山，必成大害

意指放走了强敌，日后必然会造成大祸患。

飞沙再大也遮不住牧人的眼睛

风沙再大也遮挡不了牧人灵敏的双眼。意指政治目光锐敏的人有能力分辨清楚错综复杂的问题。

非理之财莫取，非理之事莫为

指违背情理的钱财不可以获取，违背情理的事情不可以去做。

肥水不流别人田

比喻不让别人沾自己的光。换句话说，好处或便宜不能让外人给白白得去了。

风吹鸡蛋壳，财去人安乐

指没有钱财，人的生活反而会轻松。

风大伴墙走

指遇到大风,贴近墙根走。比喻遇到强敌,可暂时回避一下。

逢桥须下马,过渡莫争先

指过桥时要下马步行,渡河时不能争先上船。比喻外出行走要时刻注意安全,碰到危险要采取防范措施。

佛门虽大,难度无缘之人

度:僧尼引导俗人出家。没有佛缘的人不容易成为信徒。

扶不起的刘阿斗

刘禅虽然有诸葛亮的扶持,但仍没有保住刘备打下的江山。意指碌碌无为的庸人。

腐木不可以为柱,卑人不可以为主

不能用腐朽的木材做房屋的柱子,不能让地位低下的人来主事。指让卑微的人主事有可能坏事。

妇女能顶半边天,离了妇女没吃穿

指妇女的能力和贡献与男子一样大,离开妇女很多事情办不成。

富贵不压乡里

指人富贵了,有了权势,不应该欺压自己的乡亲。

G

干吃大鱼不费网

比喻没出力却捡了个大便宜。

钢刀虽快,不斩无罪之人

指国家的法律虽然严格,但也不会处罚无罪之人。

告人死罪得死罪

诬告别人犯死罪的人,自己也得死罪。意谓告状这种事责任重大,应当非常慎重。

鸽子向旺处飞

指鸽子愿意到人烟兴旺的地方去。比喻古时势利人都愿意攀附有钱有势的人。

隔行不隔理

行:行业。指行业不同,但道理一样、相通。换句话说,行业虽然不一样,但基本事理和规律却是相差无几的。

个人事小,国家事大

指个人利益要服从国家利益。

各处各乡俗,一处一规矩

意思是不同的地方都有各自不同的风俗习惯和规矩。

各打各的算盘

每个人都在打自己的算盘。意指各人都在盘算各自的利益。

各人洗面各人光

指各人做事各人自己受益。比喻自己动手做事,自己先受益。

耕牛无宿草,仓鼠有余粮

意指辛苦劳作却一无所有,不费力气却生活富裕。

公道不公道,自有天知道

意谓办事公正与否,无人知晓。

公道自在人心

指不论什么事大家自有公正的评判。换句话说,公正的道理本身就在大家的心里,是非曲直自有公论。

公门好修行

古时认为在衙门中干事的人容易行善。

公人见钱,如蝇见血

差役看见老百姓手里的财物,就像苍蝇看见血一样。意指古时的差吏敲诈勒索百姓,贪婪成性。

公生明,廉生威

公正才能廉明,廉洁才会有威望。意思是做官应该公正廉洁。

公则民不敢慢,廉则吏不敢欺

公正,老百姓就不敢怠慢;廉洁,属吏就不敢欺诈。指做官一定要清正廉洁。

公众马,公众骑

大家的马,大家都有权力骑。意指公共财物大家都可以享用。

功者难成而易败,时者难得而易失

建功立业困难而失败却很容易,抓住机会艰难而失去机会更容易。

攻其不备,出其不意

敌人毫无防备时进攻,敌人预料不到时出击。

恭敬不如从命

恭敬谦让,不如服从。意指在别人赠送礼物或请去吃饭时,应以听从主人的意见最好。

狗肉上不得台盘,稀泥巴糊不上壁

指狗肉档次不高,上不了宴席;稀泥不够黏,糊不到墙壁上。比喻素质低的人不值得抬举或见不了世面。

姑口烦而妇耳顽

姑:此处指婆婆。妇:此处指儿媳。指婆婆的嘴如果整天唠叨个不停,媳妇的耳朵也就听腻了。也比喻如果领导说话太絮烦了,属下就会充耳不闻。

关公面前耍大刀

关公为武将,在他眼前耍弄大刀肯定是自不量力。意指在行家面前卖弄本领,班门弄斧。

关节不到,有阎罗包老

关节:指古时暗中行贿买通官吏。阎罗:迷信者称之为管地狱的神。包老:包拯,北宋丞相。指包公立场刚毅,为官清正,关节也买不通。

官逼民反，民不得不反

古时认为官府腐败，逼得老百姓无路可投，只能群起反抗。

官逼民反民自反，君正臣廉民自安

指官府逼迫压榨，把老百姓都逼上了死路，老百姓就会起来反抗；国君清明公正，大臣们都廉洁奉公，老百姓就会安居乐业。

官不差病人

做官的不差遣身体不适的人外出办事。意指在工作上要适当考虑身体不好的人的处境。

官不打顺民

指做官的人不会威逼已经顺从了的老百姓。

官不离印，货不离身

做官的官印不能脱手，做生意的货物不能离身。意指必须看管好自己借以谋生的物品。

官不容针，私可容车

指如果按照国法办事，类似于小针般的违法行为也不能宽容；如果徇私舞弊，对再严重的犯法罪行也能网开一面。讽喻古时官吏大多贪赃受贿，私情大于国法。比喻官场中办事没有通融的余地，人们私下交涉变通的可能性却更大。

官不容针，私通车马

意指官府依法办事，极小的违法之举也不能容许；私下办事，再严重的违法行为都能通融。

官不如管

指官职再大也比不上直接经管的人权力大。

官不贪财，兵不怕死

当官的不贪图钱财，其手下的士兵就不畏惧死亡。意指做领导的人要起到身先士卒的表率作用。

官不修衙，客不修店

为官的不修理衙门，住店的客人不整理店房。意思是苟且度日，没有长远规划。

官差不自由

为公家办事，不能自己说了算。意指做事情要服从上级的安排。

官差吏差，来人不差

意指不管官差有多大差错，被差遣来办事的人本身是没有过错的。

官大一等，理长一分

指古时官职越高的人，越是飞扬跋扈，目中无人。

官大一品压死人

指古时官职大的官吏可以借助手中权力欺压下级。

官断十条路

官：指衙门官吏。断：决断，判定案子。十：众多的意思。指官府审案有多种方法。比喻官员判定官司，需要迎合相关上司的意图。这是旧官吏遵守的官场规则，也是古时造成冤假错案的主要原因。

官法不容情

指国家的法律容不得讲任何的情面。

官风正,民风清

意指为官的清正廉洁,社会风气就会清明。

官府不打送礼人

即使是官府也不会殴打为他送礼的人。泛指不应该冷淡对自己示好的人。

官凭文书私凭约

无论做什么事都应该有一定的文字凭证。

官清民自安,法正天心顺

一个国家当官的如果清正廉洁、法律严正,老百姓就能够顺心安定。

官情如纸薄

古时认为官场势利,容不得讲人情。

官事随时变

意思是在官场上办事,要学会随时事的变化而改变自己的计划。

官土打官墙

公家的土砌公家的墙。意指公款办公事,专款专用。

官无三日紧

古时官场办案经常是前紧后松,草率了事。

官刑好过,私刑难挨

意思是古时私设公堂所用的刑罚要比官府的刑罚残酷很多,无法让人忍受。

官中无人,不如归田

指官场中若没有有权势的人作靠山,就做不长官。

光棍不吃眼前亏

光棍:方言,聪明人。指聪明人在形势不利时要妥协让步。换句话说,聪明人在处于劣势的情况下暂时妥协让步,应该先避免吃眼前亏,然后另谋对策。

归师勿掩,穷寇莫追

意思是对败退的敌人不要袭击,对无路可退的残敌不要往死里追赶,谨防其反扑,做垂死挣扎。

贵人多忘事

地位高的人不记得琐碎小事。多用作客套或奉承话。

贵人抬眼看,定是福星临

指有地位高的人鼎力相助,好运肯定当头。

贵足踏贱地

意指有身份的、地位高的人光临无身份的、地位低下者的住处。多用作迎宾语句。

锅里添水,不如釜底抽薪

釜:古时的炊事用具,类似于现在的锅。薪:柴火。想要不让水沸腾,用往锅里加水的手段,还不如撤走锅底下的柴火。比喻解决问题要从根本上下手。

国家多难之秋,壮士用命之时

指国家多灾多难之时,有志之士应敢于为国家献身献策。

国家将兴,必有祯祥;国家将亡,必有妖孽

祯祥:吉祥的征兆。妖孽:妖魔孽障,泛指怪异不祥的事物。国家将要兴旺发达,必定会有吉祥的征兆;国家将要衰败灭亡,必定会有怪异不祥的事情发生。比喻重大的事故出现之前都有特定的征兆。

国家兴亡,匹夫有责

意思是国家的兴旺衰败或灭亡,人人都有责任。

国家有难思良将,人到中年望子孙

指国家有了外患内乱便指望有良将出来平息;人到中年便盼望有子孙来传宗接代。古时的观念为无后是一大不孝。

国将兴,听于民;国将亡,听于神

指处处考虑到人民的意愿,国家就能兴旺发达;处处听从神灵摆布,国家就会衰败灭亡。

国君死社稷

社稷:社,土神;稷:谷神。古代君王祭祀社稷,随后便以"社稷"指代国家。指国君有理由为国家而死。

国难显忠臣

当国家遇到危难的时候,才能考验出哪个人是真正的忠臣。

国强民不受辱,民强国不受侮

只有国家强大了,人们才不会受到侮辱;人们能自强奋进,国家就可以避免受到欺侮。

国危思良将,世乱念忠臣

指国家遇到危难、社会出现动乱的时候,迫切需要良将忠臣来平定动乱、治理国家。泛指在遇到困难之时,才意识到急需忠心耿耿能办事的忠臣。

国无二主,天无二日

指国家不能有两个国君,就如天上不可以有两个太阳一样,要不然就会相互争斗,争权夺利,使天下大乱。

国以民为本,民以食为天

对国家来讲,老百姓最重要;对老百姓来讲,吃饭最重要。意思是要关心老百姓的生活,尤其要关心老百姓的温饱问题。

国以民为根,民以谷为命

意谓国家的根本是老百姓,老百姓的命根子是粮食。

国有国法,官有官体,狱有狱例

指一个国家,从上到下都必须有法律、规章或条例,用作规范人的行为,维护正常的社会秩序。

国有国法，家有家规

一个国家有一个国家的法律，一个家庭有一个家庭的规矩。指不管任何事都要遵守相关的规章守则。

国有王，家有主

指大到国家，小到家庭，都有管事的人。

过河卒子扫千军

卒子：象棋中最小的一个子。意思是勇往直前的小兵具有很强的战斗力。

过河卒子扫千里

指只要指挥得力，普通的士兵也能威力无穷。

过了这个村儿，没有这个店儿

比喻错过了好机会，就不会再有这么好的机会了。

H

海枯终见底，人死不知心

只有海水枯竭时，才能显露出海底。但一个人即便是死掉，也很难让他人了解到他生前心灵深处的故事。喻指人的心思难以揣测。

海上风多舟难行，世上官多不太平

风多浪大，船只颠簸难行；官多扰民，百姓得不到安宁。

海水可量，人不可量

指单从人的外表，不能估量他的身份和未来。

寒门出将相，草莽出英雄

古时认为将帅、宰相之类的栋梁之才常常出身贫寒。

寒门生贵子，白屋出公卿

指穷苦人家往往出达官贵人。

韩信将兵，多多益善

相传西汉时刘邦问他手下的将领韩信能带领多少军队打仗，韩信回答：多多益善。意思就是越多越好。

豪杰之士，所见略同

意思是英雄豪杰对事物的见解基本上一致。

好的不在多，一个顶十个

指人或物贵在品质精而不在数量多。

好舵手会使八面风

经验丰富的人能对付各种困难的局面。

好官易做，好人难做

指好官容易做，好人却很难做。

好汉报仇，三年不晚

意指有胆识的人，不轻举妄动，等候时机成熟再行动。

好汉不吃眼前亏

指精明的人会见机行事,处于劣势逆境时,会暂作让步,避免吃亏受辱。

好汉不打抄手人

意指真正的好汉不向没有恶意或无力还手的人动武。

好汉不打上门客

意谓真正的好男儿能宽恕登门示好的人。

好汉不打坐婆婆

有志气的男子不会欺负弱小者。

好汉不夸当年勇

指有作为的人会再接再厉,不在他人面前炫耀过去的成就。

好汉不怕出身低

意指有志气的男子不怕自己出身卑微。

好汉不贪色,英雄不贪财

指英雄好汉不受金钱美女的诱惑。

好汉饿不得三日

指英雄好汉也得吃饱饭,谁也受不了连日饥饿。

好汉护三村,好狗护三邻

指英雄好汉理当保护和帮助邻里乡亲。

好汉流血不流泪

英雄好汉宁可自己流血牺牲,也不能掉眼泪祈求他人的同情。

好汉怕赖汉,赖汉还怕歪死缠

胡搅蛮缠不讲理的人比什么都不干的人还难于应付。

好汉怕赖汉,赖汉怕急汉

人被逼急了,什么事情都干得出来。

好汉识好汉,英雄识英雄

指英雄好汉有识别英雄好汉的眼力。

好汉天下有好汉,英雄背后有英雄

指强人中间还有更强的人。劝诫人不要骄傲自满,忽视他人的力量。

好汉一言,快马一鞭

意指英雄好汉一言九鼎,说话算数,就像好马只要打一鞭子就能飞奔一样。

好汉争气,赖汉争食

意指有志气的人会在功名事业上拼搏努力,只有庸碌的懒汉才会在衣食琐事上发生争执。

好汉只怕病来磨

指体魄健壮的男子也禁不住疾病的折磨。

好汉子不赶乏兔儿

好汉子:此处指强者、有本事的人。乏:疲乏,困乏。意思是好汉不跟一时疲乏劳顿的敌手争高低。换句话说,强大者不欺负弱小者,有本事的人不同已经困乏的人争斗。

好汉做事好汉当

指英雄好汉做事敢做敢当。

好虎架不住群狼

强壮的老虎也招架不住一群恶狼，形容寡不敌众。比喻一个人再强壮，有再大的本事，也招架不过众人的围攻。

好年盛景看腊月

好年盛景：丰收年。指在丰收的时候，到腊月时人们会欢闹喜庆。

好拳不赢头三手，自有高招在后头

指有本领的人不露锋芒，为自己留有余地，关键时刻才出绝招取胜。

好手不敌双拳，双拳难敌四手

敌：抵挡。指有力的一只大手抵挡不住两个拳头，而两个拳头却敌不过四只大手有力。比喻少不胜多。也比喻即使一个人本领再高强，也会寡不敌众。

好雁总是领头飞，好马总是先出列

意指有才能的人总是做领头羊，就如骏马总是跑在最前头一样。

合群的喜鹊能擒鹿，齐心的蚂蚁能吃虎

用来比喻弱者齐心协力，也能战胜强者。

合字难写，人心难齐

很难做到众人一心，团结一致。

何水无鱼，何官无私

意谓做官的总存有私心，就好比是河流就必定会有鱼。

和尚多了没水吃

指人多了就会扯皮、相互推诿，反而办不成事情。

和尚在，钵盂在

钵盂：和尚用的饭具。比喻只要有人在，与他相关的东西也存在。

河水靠流，人群靠头

指优秀的领头人对事业的成功起着至关重要的作用。

荷花虽好，也要绿叶扶持

喻指人再有本领，也得需要有人扶助支持。

哄死人不偿命

古时认为哄骗人不必承担法律责任。

侯门深似海

侯门：指显贵人家。指显贵人家居住的传统住宅庭院深深，门禁森严，普通人很难进入。

猴子不钻圈，多筛几遍锣

筛：此处指敲锣。比喻如果对方不上圈套，就需要多采用一些手段诱惑对方上圈套。

狐狸再狡猾也斗不过好猎手

比喻不论敌人如何狡猾，也斗不过智慧的人民群众。也比喻恶人再狡猾，其阴谋终究会被他人揭穿。

虎不离山，龙不离海

意指人离开了自己的优势环境就不能充分地施展才华，就如同虎离开山、龙离开海一样失去了依靠的优势。

虎不与狮斗，兵不和匪争

不要同强悍的对手进行争斗。

虎口里探头儿

意思是把头伸进老虎嘴里。比喻自蹈险境。

虎狼当道，在劫难逃

指恶人当道，好人就要遭殃。

花好就怕一场风

指鲜花盛开时最担心大风的摧残。比喻好事怕出差错。

皇帝不急，急死太监

当事人不着急；局外人反而焦急万分。

皇帝女不愁嫁

比喻畅销抢手的商品不用发愁卖不出去。

皇帝也有草鞋亲

即使是地位显赫的贵人也会有贫贱卑微的亲戚。

皇天不负苦心人

老天辜负不了苦心人的意愿。意指只要肯下苦工夫，坚持下去，愿望就一定会实现。

黄金有价人无价

指人才是无价之宝，比黄金更珍贵。

黄鼠狼单咬病鸭子

指黄鼠狼专挑病鸭子咬。比喻坏人专找对方最脆弱的地方下手。又比喻天灾人祸总是降临在弱小者的身上。

蝗虫吃过界

指灾荒年代，蝗虫肆意飞行，吃掉禾苗，不管地界。比喻古时有权势的人肆意侵吞、挥霍公款，不受法律制裁。

浑浊不分鲢共鲤，水清方见两般鱼

比喻社会腐败动荡，就容易混淆是非；国家政治清明，就会善恶分明。

混水里，好拿鱼

混水好摸鱼。比喻混乱的局面有利于做坏事。

火车跑得快，全靠车头带

比喻精明的领导，可以带领人们迈向事业的成功。

火烧芭蕉心不死

敌人是不服输的。

伙打官司事不赢

大家合伙打官司，各有各的想法，很难同心协力，不容易打赢。也泛指合伙办事，倾向于互相推诿，不容易成功。

J

鸡蛋碰不过石头，胳膊扭不过大腿

比喻弱者无论怎样都打不过强者。

鸡儿不吃无工之食

不可以无功受禄，不劳而食。

鸡飞蛋打一场空

比喻两边都一无所获，空空如也。

疾风知劲草，世乱识忠臣

指在猛烈的大风下才能知道哪些是坚韧不拔的劲草，国家动乱之时，就能够识别出谁是真正的忠臣。比喻在动乱的年代才能了解一个人忠心与否。

既到灵山，岂可不朝我佛

灵山：印度的灵鹫山，相传释迦牟尼曾于此讲过经。到了灵山，就不得不朝拜佛祖。喻指到了一个新地方就一定得拜见主人。

系狗当系颈

系：拴、缚。拴狗应当拴脖子。比喻攻打敌人要击中其要害之处。

家法大不过王法

指家法必须服从于国家大法。

家无全犯

不可能家里所有的人全部都参与犯罪。

家无主，屋倒竖

一户人家如果没有主妇，房屋也会倒转过来。喻指一个家庭，不能没有管理家务的主妇。

家有常业，虽饥不饿；国有常法，虽危不亡

一个家有正当固定的谋生手段，在饥荒年代就不至于挨饿；国家有固定的法律，在危难之时就不会灭亡。

家有家规，军有军法

意思是说任何单位或团体，都必须有共同遵守的法规。

家有家主，庙有庙主

不论哪个地方，都有主事负责的人。

家有诤子，不败其家；国有诤臣，不亡其国

无论家庭还是国家，只要有敢说实话的人，家庭就不会衰败，国家就不会灭亡。

家中百事兴，全靠主人命

古时认为主人的命运决定着家中的百事。

家中无鬼万年安

家中无鬼怪作祟,就可平安无事。常用来比喻国家如果没有叛逆奸贼,就不至于混乱衰亡。

拣日不如撞日,撞日不如今日

刻意挑选日子不如碰日子,碰日子不如说干就干。劝诫大家不要迷信黄历。

见官三分灾

古时百姓一旦被官吏传唤,常常凶多吉少,所以大家都害怕看见做官的。

见蛇不打三分罪

指见害不除,等同犯罪。比喻见到坏人坏事不去制止就等同于有罪责。

见橐驼指马肿背

橐驼:即骆驼。指看到骆驼不认识,却主观武断地认为是马肿背。比喻主观武断,对没有见过的东西妄加猜说。讽刺见识浅薄、自作聪明的人。

江山易打,民心难得

指夺取政权并不难,要得到人民群众的真心拥护却很难。

将不激,兵不发

将领不激励士兵,士兵就不愿意奋勇作战。

将军不下马,各自奔前程

意指各人走各人的路,谁也不干涉谁。

将军额上跑下马,宰相肚里行舟船

指将军和宰相的胸怀宽阔,气量很大,能容忍一切。常用来劝说人胸怀要宽广,气量要大。

将门出虎子

将帅之家的后代肯定也勇敢。意指有才干或声望的家庭常有杰出的接班人。

将相本无种,男儿当自强

才干本领靠遗传是得不到的,男子汉应当奋发图强,自强不息。

将相出寒门

指古时将相往往出身卑微。

将在谋而不在勇

指有作为的将帅依靠谋略取胜,而不是仅借个人的勇敢。

将在外,君命有所不受

古时将军在外带兵打仗,有一定的主动权,可以不听从君主的命令。

降龙自有降龙手,捉鬼还得捉鬼人

指要降服何种对手,就得起用何种人。

犟驴怕恶鞭

再倔强的毛驴只要用鞭子狠狠抽打,也会驯服它。比喻固执倔强的人也惧怕强烈的打击。

浇花浇心儿,栽树栽根儿

比喻解决问题要从根儿着手。

骄兵必败，欺敌必亡

骄傲轻敌的部队，肯定打不了胜仗。

狡兔尽，猎狗烹；飞鸟尽，良弓藏；敌国破，良臣亡

野外的兔子没得逮了，猎犬就被煮吃；天上的飞鸟没得打了，弓箭就得收藏起来不能使用；敌国被消灭了，功臣就被害死。多指帝王夺取政权以后，功臣良将常常被谋害或受到冷淡。

狡兔三窟

狡猾的兔子打很多洞，各洞之间相通连，以防不测。比喻有远见的人事先安排好避祸的打算。

叫唤的鸟儿没肉吃

指叫唤的鸟儿只想着歌唱而忘了捕食。比喻往往因为爱闲谈笑话而误了正经事。

桀犬吠尧，各为其主

夏桀的狗朝贤君尧狂叫不止，是因为要向着自己的主人。指人各为自己的主人效力。

今日不知来日事

今后的事情不能预料。

尽得忠来难尽孝

指忠孝不能两全。多用于奉劝人应以国事公务为重。

京官不如外放

在京城做官不如在外地做官，因为在外受制约少，容易搜到钱财。

井里打水往河里倒

比喻白费力气，办事没有效率。

敬酒不吃吃罚酒

指好言劝说不听从，只有强迫硬来才行得通。

敬神如神在

指敬神要心诚意诚。

九个月长虫吃耗子，三个月耗子吃长虫

长虫：蛇。耗子：老鼠。比喻有时候强者也害怕弱者。

久经大海难为水

指见过大世面的人，不在乎小事。换句话说，见过大世面的人，不会将微小之事放在眼里。

酒病酒药医

指由于喝酒而引起的病，可以用酒来医治。比喻因何物惹的灾祸，还得用何物来消除。

酒肉穿肠过，佛在心中坐

酒肉吃到肚子里，吃过便没有了，佛供奉在心里，永远伴着人。指敬佛重在心诚，不必恪守清规戒律。

救兵如救火

意思是军事救助非常关紧,一刻也不能耽误。

惧法朝朝乐

意思是害怕法律威严,不干坏事,就能安居乐业。

倦鸟知还

指疲倦的鸟也知道返回自己的窝巢。比喻长时间在外地生活、年事已高的人经常想要返回家乡,落叶归根。

军不斩不齐,将不严不整

指军中赏罚不明,将领治军不严,军队的作风就不会严谨。

军令如山倒

指执行军事命令要如同高山突然倒下一般地迅速,不能有丝毫的马虎。比喻士兵必须绝对服从军令。

军令无私亲

执行军令容不下私人感情。也指对于不遵守军令的士兵,不可以徇私情。

军令重如山

指军令一出,就像山一样不可动摇,不管谁都必须服从。

军赏不逾月

逾:超过。指军队中应该及时行赏,不宜拖延。

军无粮自乱

意指军队中要是没了口粮必然不打自乱。

军无媒,中道回

媒:媒介,指向导或内应。士兵去袭击敌方,若没有向导或内应,即使已经走到半路,也必须返回。又指军队前行时若没有向导指路,就到达不了目的地。

军有头,将有主

意指任何地方都有领头管事的人。

军中无粮自乱

军队若是没有了粮草,肯定会不攻自乱。

军中无戏言

指军队中开玩笑的话是没有的。比喻在某种环境下讲的话非常严肃而慎重。也比喻在军队里,军纪严明,讲话一定得严肃认真,不可以随意说玩笑话。

君子报仇,十年不晚

指有谋略的人等待合适的时机才进行报复。换句话说,报仇雪恨的大事不可操之过急,必须把握有利时机,才能取得成功。

君子不跟牛使气

指品格高尚的人不与性格粗鲁的人发生争斗。也指有修养的人不跟无知的人计较。

君子争礼,小人争嘴

指有修养的人讲究的是礼貌,品德不高的人则喜欢争斗。

君子一言，重于九鼎

意思是大丈夫一句话，分量很重。

君子一言，快马一鞭

大丈夫一言既出，就如同着鞭的快马一样，不可以收回来。意指言而有信。

君不正臣不忠，父不正子不孝

国君不公正臣就会不尽忠，父亲不正派儿子也不会孝顺。

君不正臣投外国，父不正子奔他乡

国君无道，做臣子的就会投靠别国；父行邪恶，儿子就会离家出走。指上行不正，下面就会采用叛离的行为。

君臣如父子

古时指君主与臣子的关系好比父与子的关系。

君无戏言，出口成律

君王说话一定得算话，不可以随意乱说。

K

开弓不放箭

弓拉开却不射箭。意指假装出强大的声威和气势。

砍不倒大树，弄不多柴火

砍大树固然费力气，但是能获得更多的柴火。意思是只有征服了强大的对手才会有很多收获。

砍倒大树有柴烧

比喻征服比自己强大的对手有非常多的收益。

看风使舵常顺利，随机应变信如神

根据客观情况的发展变化，适时调整自己的对策和行动，才能顺利办事。

看人看心，听话听音

指看人要看这个人心肠的好坏，听话要留心言外之意。换句话说，判断一个人要看他的内心表现怎么样，听话则应听出他的真正意图来。说明观察事物要仔细，要透过现象看到本质。

靠着大河有水吃，靠着大树有柴烧

意指依靠有权势的人，就可以得到相关的利益。

靠大树草不沾霜

指长在树下的草，风霜侵不到。比喻有权势者的庇护，没有人敢侵犯。

慷慨成仁易，从容就义难

为正义事业意气昂扬地奉献出自己的生命可以做到，但要从容不迫地去死却办不到。

炕上养虎，家中养盗

意思指培养、包庇和纵容恶人，将祸患无尽。

苛政不亲，烦苦伤恩

苛政：严苛的政令。指严苛的政令会伤害老百姓，最终导致失去民心。

肯在热灶里烧火，不肯在冷灶里添柴

乐意攀附权贵，不愿帮助处在贫困中的人。

苦海无边，回头是岸

原是佛教用语。苦海，指深重的苦难。岸，指彼岸。佛教把得到正果称作到达彼岸。比喻虽罪孽深重，但只要弃恶从善，就会有出路。

困龙亦有上天时

意谓暂时处于困境而有抱负的人终于可以有出头之日。

快刀不削自己的柄

喻指不能自己伤害自己。换句话说，自己人不会伤害自己人。

L

拉住状元叫姐夫

比喻攀附权贵。

拉到老虎当马骑

喻指轻率地对待强者。

腊月二十三，家家糖瓜粘

糖瓜：用麦芽糖做成的瓜状甜食。腊月二十三日，用糖果点心作为祭品。灶神吃后，嘴上粘糖，上天会讲好话。

腊月二十三，灶爷上了天，先生放了学，学生出了监

古时民风，腊月二十三这天是灶王爷上天的日子，学校在这一天开始放寒假，老师和学生都回家过年。

腊月二十五，掸房扫尘土

指在腊月二十五这一天，每家都打扫卫生准备迎接新春佳节。

来者不惧，惧者不来

敢来的人是不会惧怕的，不好惹的。比喻不能轻视敢于前来挑战的人。

来者不善，善者不来

指不厉害的不可能来，来的肯定是相当厉害的。喻指来的人不怀好意。

癞狗扶不上墙

比喻不成器的人，再怎么扶持也不管用。

烂泥巴扶不上墙

比喻没有出息的人，依靠别人无论如何也扶持不起来。

烂套子也能塞窟窿

比喻能力再低下的人也总会能起上一点作用的。

浪再大，压不住鱼打挺；云再厚，裹不住炸雷声

喻指对方势力再强大也难不住本领高强的人。也比喻任何力量都拦不住真理的传播。

浪子回头金不换

浪荡子改过后比黄金还值钱。意指犯过错误的人真正悔改之后不会再犯。

老巢难舍

老巢:鸟的老窝,比喻人的老家。指人不愿远离自己的老家。

老龟煮不烂,移祸于枯桑

相传三国时有人献大龟给孙权,孙权让人煮龟,用了上万车柴仍然煮不烂。诸葛亮建议用老桑树煮,很快就煮烂了。意指嫁祸于人。

老虎不在家,猴子称大王

比喻首领不在的时候,下属就有可能称王称霸。

老虎吃人,恶名在外

坏人即使不做坏事,坏名声也已经传开了。

老虎吃天,没法下嘴

意指事情比较复杂,不知道该从何处下手去解决。

老虎花在背,人心花在内

老虎的花纹长在皮毛上,人的主意、谋划藏在内心里。意指人心难测。

老虎不嫌黄羊瘦

比喻只要东西有用处,就不要嫌弃,不能丢弃。

老虎还有个打盹儿的时候

意指再精明强悍的人也难免有不留神出差错的时候。

老虎金钱豹,各走各的道

每个人有每个人的前程,各走各的路,互不干涉。

老虎口中夺脆骨,蛟龙背上揭生鳞

意思是冒险行事,成功的希望很渺茫。

老虎屁股摸不得

意思指自以为很了不起,不愿意听取别人的批评。

老虎头上拍苍蝇

意指触犯强横霸道的人。

老虎嘴里掉不下肉,狐狸嘴里吐不出鸡

比喻坏人抢劫去的东西很难再要回来,也比喻坏人的本性不容易改掉。

老将出马,一个顶俩

泛指老手经验丰富,一人能顶几个人用。

老马识归途

比喻经验丰富的人可以起到引导性的作用。

老猫不死旧性在

喻指人的本性难改。

老鼠过街,人人喊打

意指坏人坏事处处都遭到大家的厌弃和打击。

老鼠急了会咬猫

喻指人急了就会做出反常的事情来。

老鼠眼睛寸寸光

意谓目光短浅,没有远见。

老鹰不吃窝下食

经常用来比喻坏人不在自己的住所附近做坏事而是到远方去犯罪。

老子偷瓜盗果,儿子杀人放火

意谓如果做父亲的偷偷摸摸当窃贼,儿子就有可能明火执仗当强盗。

老子英雄儿好汉

父亲如果是英雄人物,儿子也一定不会差。

冷眼观螃蟹,横行到几时

螃蟹:喻指恶人。意谓横行霸道的恶人不会有好下场,总有一天会遭到报应的。

离家三里远,别是一乡风

风:风俗。指即使离家乡很近的地区,风俗习惯也与家乡不一样。

离了胡萝卜,照样办酒席

比喻没有某些无关紧要的人,工作照常开展。

理乱易,治平难

平定乱世容易,治理太平盛世却不容易。

立法不可不严,行法不可不恕

古时指制定法律要从严,执行法律要从宽。

利不百,不变法;功不十,不易器

利益达不到百倍,法令不变更;功效不足十倍,工具不改换。古时抵制变革的一种借口。

练兵必先练心

指操练士兵首先要做好士兵的思想工作。

良禽择木而栖,贤臣择主而事

古时认为贤能的臣子要择取明主效力,就如同好鸟要择取好的树木栖息一样。

粮乃兵家之性命

指粮草供应与战争的胜败关系重大。

粮是军中胆

指粮草给养充足,士气才能高涨。

两国相战,不斩来使

意思是交战中的双方,都不可以将对方派来的使者斩首。

两军相遇勇者胜

指两军交战,英勇作战的一方必然胜利。

两虎相斗,必有一伤

比喻强手与强手相争,必定有一方会受伤失败。

两雄不能并立

指两强在一起肯定要争斗，不可能两者同时并存。

临阵磨枪，不快也光

枪：古时的一种兵器。快要上阵了才匆忙磨枪头，虽然不锋利，但也可以光亮一点。比喻平常不做准备，遇到急事急忙应付。

令出山摇动，法严鬼神惊

军令下达连山都震摇，法令严明连鬼神都震惊。指军令国法人人都必须服从。

六月六，家中猫犬水中浴

古时风俗，农历六月初六给猫狗洗浴以避免生虫虱。

龙不离海，虎不离山

意指不能离开自己的权位或势力范围。

龙多旱，人多乱

龙多了下不了雨，人多了会生乱。比喻人多了，做事情相互推诿，不尽职责，办事就没有效率。

龙多靠，龙少涝

比喻人太多或者太少，都做不好事情。

龙归沧海，虎入深山

意指各自回到可以展示自己才华的地方去。

龙生龙，凤生凤，老鼠养儿会打洞

意谓子女的秉性特点是由父母那里遗传来的，上一代什么样就会培养出什么样的下一代。

龙生龙，虎生虎

比喻有什么样的父母，就会教养出什么样后代。

龙无头不走，鸟无头不飞

龙没有头没法行走，鸟没有头没法飞翔。意谓不论做什么事情，都要有个带头的人。

龙眼识珠，凤眼识宝，牛眼识青草

有眼力的人才能识别出优劣。换句话说，有眼光有水平的人见识就高，没眼光没水平的人见识就不高。

龙游浅水遭虾戏，虎落平原被犬欺

龙游到浅水中会遭遇虾的戏弄，老虎流落到平地上就会被狗欺侮。意指离开了必要条件，强者就会受制于弱者。

龙争虎斗，苦了小獐

意指两强相互争斗，受害的是弱小的第三者。

篱笆破，狗进来

比喻若防范不严谨，有漏洞，恶人就会乘虚而入，做坏事。

篱笆破，野狗攒

意指如果防范不严密，坏人就会钻空子。

篱笆扎得紧，野狗钻不进

意指如果自己内部防范严密，坏人就没有机会可乘。

篱牢犬不入

篱笆扎牢了，野狗就不会钻进去。比喻只要防备严密，坏人就没有钻空子的机会。

利器入手，不可假人

拿到手的锋利兵器不可以转借给他人。意谓手中掌握的权力不可以转让给他人。

利之所在，无所不趋

意谓人们总是会千方百计地到有利可图的地方去。

两姑之间难为妇

指夹在婆婆和姑娘之间的媳妇最不好当。泛指夹在两个地位高的人之间左右为难，上下不是。

利之薮，怨之府

薮：指人或物聚集的地方。指利益汇集、优厚的地方，往往就是人们怨尤集中的地方。

烈火才见真金

指只有在烈火的锻炼中才能得到真正的黄金。比喻通过严峻的考验才可以发现品质优秀的人或意志坚强的人。

临崖勒马收缰晚，船到江心补漏迟

临：到。指已经走到悬崖边才记起停马收缰，就已经晚了。船已行使到江中央才想起补漏洞，就来不及了。比喻要及早发现问题，抓紧时间采取补救措施。

留情不举手，举手不留情

动手就表明彼此之间的情面没法讲了。

留下斗和秤，为的是公平

指古人留传下的斗和秤，目的是要人们公平办事，不徇私情。比喻处事应当公平。

柳树上着刀，桑树上出血

意指代人受过。

落架的凤凰不如鸡

意指高贵的人一旦没有权势，其身价连平常人都比不上。

落他矮檐下，怎敢不低头

在低矮的屋檐下，只能低头走路。意指受制于他人的管束，就得忍气吞声。

六国贩骆驼

比喻四处钻空子谋利。

六耳不通谋

六耳：一人有两耳，三人为六耳。指不能与很多人一起策划机密事，否则会泄漏机密。

路见不平，拔刀相助

意思是见义勇为的人，遇上不公平的事，敢于主持正义，帮助受欺负的人。

路有千条，理只有一条

指道路可能有几千条，但真理却只有一个。

露水见不得老太阳

指露水碰见太阳就消失了。比喻恶人不可能长时间存在。

箩里拣瓜，拣得眼花

喻指可做选择的太多，致使人不好拿定主意。

乱世出英雄

混乱时代常能造就出英雄人物。

乱世出英雄，阵前识好汉

乱世才能显示出英雄是谁，战场上才能识别好汉是谁。

乱世多新闻

意指动乱年代流言蜚语也最多。

乱世显忠臣

意谓动乱年代可以考验一个人是否忠诚。

乱世群雄起，有枪便为王

在战乱的年代，只要掌握武装力量就能称王称霸。

萝卜拔了窝窝在，和尚走了庙子在

喻指人逃脱了，但家却搬不走。

M

马放南山，刀枪入库

把马放归山里，武器放进仓库。意谓天下太平，没有战事。

马骑上等马，牛用中等牛，人使下等人

上等马：指跑得快的好马。中等牛：指温顺的牛。下等人：指不英明的人。古时富贵人家以为，骑马要骑上等良马，可以跑得快跑得远；用牛要用中等性情的牛，稳妥；使唤人要使唤那些不精明的人，才容易控制。这说明了封建礼教的愚民思想。

马屎凭官势

喻指地位卑微的人凭借官府的权力耀武扬威。

买静求安

指宁可多吃亏，也愿意求得平安无事。

瞒上不瞒下

真相不让上级了解，对下级却无所顾忌。

满城文运转，遍地是方巾

文运：本指文学盛衰的气运，此处指官运。方巾：明代读书人常戴的方形软帽。指一人侥幸科第，宗族姻亲并换儒巾。古时讥讽时弊之语。

猫不在家,老鼠造反

比喻管事的人离开了,下属就会胡来。

没了王屠,连毛吃猪

没有了屠户,就得吃带毛的猪肉。比喻如果没有内行知情的人,事情就不好办。

没水不煞火

指没有水就不能控制或扑灭火。喻指没有钱就不能解决困难。也比喻如果没有合适的措施,就解决不了实际问题。

没有打虎将,过不得景阳冈

没有敢于奋勇拼搏的人,就熬不过难关。

没有带头羊,羊群难过河;没有带头骡,马帮难得驮

比喻做事情必须有一个精明的领头人,否则不可能成功。

没有骡子驴顶着

比喻没有优秀的人才,只好先用稍差一点的人来凑合。

没有闪电,雷不会响;没有刮风,树不会摇

比喻事情的发生,总有相应的原因。

没有三板斧,上不了瓦岗寨

三板斧:瓦岗军将领程咬金的绝招。瓦岗寨:隋末翟让领导的农民起义军,以瓦岗寨[今河南滑县]为根据地。比喻如果没有克敌制胜的武器,难关就攻不破。

门前结起高头马,不是亲来也是亲

指人一旦有了势力,与自己没有亲属关系的人也都来攀附。也用于指奉承依附有权势的人。

门神老了不捉鬼

门神:旧俗指贴在门上用来驱邪逐鬼的神像。一边是秦叔宝的画像,一边是尉迟恭的画像。比喻人上年纪了,体力衰退,反应不灵敏,办不成大事。

猛将军无刀杀不得人

勇猛的将军手中如果没有武器也杀不了敌人。意谓没有必要的条件,本事再大也不行。

庙里猪头是有主的

古时在庙里常常用猪头作祭品供神或供祖先。常用来喻指女子已经有了婆家。

妙药难医冤债病,横财不富命穷人

冤债病:冤鬼、债鬼纠缠的病。横财:用不正当手段谋取的钱财。指灵丹妙药治不了冤鬼、债鬼纠缠的病,不义之财不能使命中注定贫穷的人富裕起来。

民不举,官不究

老百姓不检举揭发,官府就不会追究过问。

民乱则国破,国破则君主亡

老百姓乱套了,国家就会灭亡,君主就无法生存。

民是国之本

民众是国家的立根之本。

民心不可侮

民众的意愿是不能轻视忽略的。

民心丢失，源竭根枯

指失去民心就像水源干涸，树根干枯一样，必然会灭亡。

明里抱拳，暗中踢脚

抱拳：一种礼节。比喻当面谦恭，却在背后攻击的两面派手法。换句话说，对那些当面很讲礼节，背后作恶的伪善者，要小心提防。

明镜可以照形，古事可以知今

历史是现今的镜子，应以历史为鉴。换句话说，明亮的镜子可以用做照形体，借鉴古代的事情可以用来认识现今。

明枪易躲，暗箭难防

指公开的袭击容易对付，暗地里的算计不好防备。也指明面公开的攻击好应付，暗中潜藏的偷袭难于防备。

明人不说暗话

指称赞光明磊落的人就说明话，隐匿难懂的话不说。

明人不做暗事

指赞誉光明磊落的人，见不得人的话不说，见不得人的事不做。

明有王法，暗有神灵

指对于做坏事的人，明地里有国家王法，暗地里有神灵问罪。告诫人们不要胡作非为，胡乱来。

明中舍去暗中来

指明处用掉，丢失了，暗中又可以得到。

魔高一尺，道高一丈

魔：梵语"魔罗"的简称，指破坏修行的恶魔，比如"烦恼、迷恋"等，也指邪气。道：道行，佛家修行的功夫，也指正气。原是佛教用语，告诫修行的人要警惕世俗的迷惑。后用来比喻正义力量总能战胜邪恶的势力。

末大必折，尾大不掉

树梢过重，树干必折；尾巴过大，难以摆动。意指部属势力过大，就不容易控制，产生威胁。

谋官如鼠，得官如虎

谋取官位时如老鼠一样谨慎，取得官位时却如老虎一样凶悍。

木偶不会自己跳，背后定有牵线人

指木偶会跳动，可以生动有神，是因为幕后有人牵线操作。比喻某些人做坏事是因为背后有人指使操纵。

木朽虫生，墙罅蚁入

罅：缝隙。意思是树木腐朽了，就容易生长蛀虫；墙壁有了裂缝，蚂蚁就可以乘隙而入。比喻内乱容易招来外患。

N

拿贼拿赃，拿奸拿双

抓贼时要抓住赃证，捉奸时要抓住男女双方。指查处违法者要重证据。

男大当婚，女大当嫁

男女一旦到了婚嫁年龄就应该结婚成家。

南人驾船，北人乘马

南方水多，大家就擅长驾船；北方陆地多，大家就擅长骑马。

南甜北咸，东辣西酸

指每个地方的人长期养成的对食品味道的喜好不一样。

你有长箩索，人家有弯扁担

喻指别人的对策可能会更高明。

你有你的关门计，我有我的跳墙法

喻指能针对不同的情况，采取具体的计策对应。

你有你的佛法，我有我的道行

意指各自都有各自的技能和本领，谁也不能制服了谁。

你有千条妙计，我有一定之规

意谓不论你说什么，我还是按我自己的原则做事。

鸟随鸾凤飞能远，人伴贤良品自高

鸾凤：传说中凤凰一类的鸟。指普通的鸟追随着鸾凤，也可以飞很远；普通的人伴随着贤人，品格自然就会高尚。比喻接近善类，自然就会习染为善。

宁扶井杆，不扶井绳

井杆可以扶起来，但井绳却不行。比喻扶持人要扶持那些有能力自强自立的人。

宁管千军，莫管一夫

宁可掌管千军万马，也不愿掌管一个自由散漫的人。

宁可信其有，不可信其无

指对于某些流言，宁可相信并可以做好准备应付。比喻对出现的事要做到有备无患。

宁给饥人一口，不给富人一斗

斗：容量单位，十升为一斗。指应资助急需帮助的人。喻指要济穷不济富。

宁骑烈马，不使懒牛

比喻宁可用难于驾驭的英才，也不用懒散无用的庸才。

宁弃千军，不弃寸地

宁可牺牲千军万马，也不可以丢弃一寸土地。指维护国家领土的完整重于一切。

宁绕十步远，不走一步险

宁可绕着走远路，也不贪图近而走险路。指旅行或行军要把安全放在首位。

宁人负我，毋我负人

指宁可别人辜负我，我不能辜负别人。比喻品德高尚的人不会做对不起别人的事。

宁为太平犬,莫作离乱人

宁可做太平盛世的狗,也不做乱世中流离失所的人。指如果人生活在乱世,还不如狗。

宁为鸡口,无为牛后

鸡口:鸡进食的器官。牛后:牛的肛门。比喻宁可在一个小的集体内当家作主,也不愿在一个大集体里任人指挥摆布。

宁在直中取,不向曲中求

直:正直,正当。曲:弯曲,不正。指宁可走正当的途径去取得,也不愿走不正当的后路去求取。比喻正直的人做事走光明大道,不走歪门邪道。

鸟飞反乡,狐死首丘

反:同“返”。首:头指向的方向。指鸟虽然飞得远,终究还是要返回旧巢;狐狸死时,总是把头朝着自己居住的山丘。比喻不忘本。

牛头高,马头高

喻指互争高低。

女大三,抱金砖

古时认为如果妻子比丈夫大三岁,丈夫的家业就会旺盛。

P

跑了和尚跑不了庙

和尚:出家修行的男性佛教徒。庙:寺庙。指和尚逃跑了,寺庙不可能跑。比喻无法逃脱。换句话说,人可以跑掉,家产跑不掉,其他有牵连的人也不可能走掉。暂时应急的手段只能躲避一时,但最终还是逃脱不掉。

匹夫舍命,勇将难敌

一个人如果舍身拼命,再勇敢的将士也抵挡不住。意思是不怕死的人最勇敢。

批龙鳞易,捋虎须难

批:刮。捋:用手握住向另一端滑动。指刮龙的鳞片不难,摸老虎的胡须却难。又指皇帝是真龙天子,敢于直言规劝;权臣好比老虎,不敢顶撞得罪。

便宜不过当家

便宜:好处,利益。过:错过。当家:本家,自家。指利益不能落到不担干系的人手中。换句话说,有好处要让自己人受益,不能便宜了别人。

便宜不落外方

便宜:实惠好处。指得便宜的事只能落在自家人手里。

偏听生奸,独任成乱

偏听偏信,导致产生邪恶的人;独断专行,容易造成混乱的局面。

平地里起风波

比喻纠纷或争斗突然发生。

Q

骑马寻马

比喻就在身边，却到处寻找。也比喻同时干两项工作。还比喻在保住已到手的地位或利益的同时，寻找更好的去处。

棋逢对手，将遇良才

下棋时碰到高手，打仗时遇到良将。意指双方力量才智差不多。

棋逢对手难相胜，将遇良才不敢骄

指强者遇到强者，难以取胜，彼此不敢相互轻视。

棋高一着，缚手缚脚

着：下棋时走一步或下一子称"一着"。缚：捆绑。指同棋艺高的人下棋，总感觉手脚如同被捆住了一样，水平不能发挥。换句话说，跟实力高于自己的对手竞争，明显处于劣势，感觉受到约束限制，才能施展不出来。

旗开得胜，马到成功

战旗一展开就取得了胜利，战马一到就取胜。意指事情发展迅速、顺利。

千变万变，官场不变

指古时官场积弊根深蒂固，很难改变。

千兵易得，一将难求

招募一千个士兵不难，求得一个将领却很难。指优秀的将领不容易求得。

千差万差来人不差

即使有千条错万条错，被派来谈判的人本身是没有过错的。

千锤成利器，百炼成纯钢

锋利的刀剑是锤打出来的，成色好的钢是反复炼制而成的。意指人的技能须经过反复磨炼才能获取。

千槌打锣，一槌定音

比喻人们纷纷议论的时候，由一人作出最后决定，也叫千人打鼓，一锤定音。

千金难买回头看

比喻回顾反思有好处，做过的事情要及时总结经验教训，发扬优点纠正错误，有利于下一步改进工作方法，提高工作质量。换句话说，及时回顾、反思、总结往事，受益匪浅。

千金难买天下稳

指社会安定最为可贵难得。

千金用兵，百金求间

意指在作战时离间双方相当重要。

千口吃饭，主事一人

意思是一个团体中总得有一个管事的人。

千里不同风，百里不共雷

千里之内不会吹相同方向吹来的风，百里之内也不会同响一声雷。意思指地域不一样,风俗、事物也各不一样。

千里不同风,百里不同俗

千里之内不会吹相同风向的风,百里之内也不存在完全一样的风俗习惯。意指地域不一样,风俗迥异。

千里馈粮,士有饥色;樵苏后炊,师不宿饱

馈粮:运输粮食。樵苏:打柴割草。宿饱:晚饭吃得饱,到第二天晨还不饿。指千里运粮,士兵们显出饥饿的脸色;打下柴草再做饭,队伍里不可能有隔夜饱。也指后勤供给困难,就会影响到士兵们的健康状况与精神风貌。

千里做官,为的吃穿

意谓千里去做官,图的是吃好穿好。

千年的野猪老虎的食

指野猪寿命再长,最后还是被老虎吃掉了。喻指弱者始终逃脱不掉被强者吞食的命运。

千年文约会说话

指年代已久的字据、协约就是凭证。

千钱赊不如八百现

赊:赊欠,延期交付。现:现金。指卖东西时赊欠一千块钱,还不如现场交清八百块钱划算。喻指实实在在地现场得到好处,比后来预期的好处更为可信。

千人唱,万人和

一千个人领唱,上万个人就响应起来合唱。意指响应的人很多。

千人吃药,一人还钱

还:偿付。指很多人买药,让一个人来结账。也指让一个人回报大家所得到的好处。比喻大家得到的好处,都是因为同一个人。

千人拉弦,一人定音

在团体演奏中,总得有一个人担任指挥。意谓大家意见再多,总得有一个最后拍板的。

千人诺诺,不如一士谔谔

很多人唯唯诺诺非常顺从,远比不上有一个人能直言争辩。意谓要善于听取不同的意见。

千日练兵一日用

长期练兵是为了情况紧急时派上用场。

千闻不如一见

指听上一千次,比不上亲眼看见一次真实可靠。喻指亲身观察体会远比道听途说好。

千羊在望,不如一兔在手

在望:视线以内,能够看见。指眼前有一千只羊,也不能与实际得到的一只兔子相比。喻指未来有可能获得很多的好处,也不如已经到手的好处实惠。

千阵万阵,难买头阵

指临阵打仗,头阵影响非常大,不得不打好。

牵着不走,打着倒退

意指人窝囊没有出息,对他施加压力也不管用。

前人栽树,后人乘凉

指前人辛辛苦苦种树,得益的是后人。比喻前人为后人造福。换句话说,前一辈人创业,后一代人便可享福。

遣将不如激将

用强硬的手段差遣将领参战比不上激将之法管用。

强将手下无弱兵

英勇的将领手下没有怯懦的士兵。意谓能干的人手下没有弱者。

强迫不成买卖,强求不成夫妻

指如果用强迫的手段,很难办成事情。

桥归桥,路归路

比喻互不牵连,分得十分清楚。换句话说,完全相反的事物,不可以混淆在一起。

清官不到头

指古时清官受到金钱的诱惑,也会下水,做不到底。也指清官不同流合污,必受到同僚嫉妒,保不住官位。

清官出不得吏人手

清正廉洁的官员很难被贪赃枉法的属吏所蒙蔽。

清官难出猾吏手

指无论官员多么清正廉明,最终也逃脱不了奸猾下属的陷阱。喻指官员自己虽然很想清廉,但最终受到属吏的蒙蔽,被拉下水去,还是做了贪官。

蜻蜓吃尾自吃自

实际上是自己吃自己的东西。

晴天开水道,须防暴雨时

晴天开水沟目的是为了下暴雨时排水畅通。意指遇到事情要提前做好准备。

请将不如激将

激将军出马比请将军出马更管用。也泛指求人做事,正言恳求比不上反话激他。

请来镇山神,不怕妖作怪

比喻有了可以依靠的力量,就不恐惧与自己作对的力量。

穷寇莫追

对于溃败的残敌,不要逼得太紧,防止其反扑,造成更大的损失。

曲木恶直绳,重罚恶明证

曲木:弯曲的木头。恶:憎恶,害怕。直绳:木匠用来打直线的墨绳。重罚:指受到严厉惩处。明证:确凿的证据。指曲木惧怕用墨线来衡量,罪犯惧怕用确凿的证据来定罪。比喻行为不轨、为非作歹的人畏惧严明公正的法律。

拳头上无眼

用拳头打人时往往会造成对方受伤。

R

让一让二,不能让三让四

忍让是有一定限度的。

惹祸招灾,问罪应该

指一个人如果犯法,按道理应该受到法律制裁。

人不害人身不贵,火不烧山地不肥

古时指人必须通过损害别人的利益才能攀附上高贵的地位。

人不得全,瓜不得圆

人不可能十全十美,就同瓜没有绝对的圆一样。

人不离乡,鸟不离枝

指人不愿意离开自己的家乡,就像鸟儿离不开树枝一样。说明人们都留恋自己的故土。

人不凭嘴,狗不凭尾

指看一个人不能光凭他嘴上说得好,如同看一条狗不能光看尾巴摇得欢一样。

人多出韩信

意思是人多智谋多,集中大家的智慧就会如有韩信那样的才能一样。

人多出圣人

指众人中肯定有德高望重的人。

人恶人怕天不怕,人善人欺天不欺

指恶人虽然猖狂,让人畏惧,但老天爷不怕他;善良的人虽然受欺侮,但老天爷不欺负他。比喻天道公平,恶人必受惩罚,好人得到庇护。换句话说,上天是公平的,不偏袒恶人也不欺负好人。

人逢佳节倍思亲

指人每逢过年过节时,都会情不自禁地更加想念自己远方的亲人或朋友。

人贵见机

见机:看机会,看形势。指人的难得之处在于能够做到见机行事。换句话说,人能够做到见机行事是最为难得的。

人贵有自知之明

指人的难得之处在于对自己有个合适的评价。

人见利而不见害,鱼见食而不见钩

指人贪图眼前短暂的利益而不顾及后果。

人绝粮必死,鱼无水自亡

指人没有粮,鱼没有水,都必死无疑。常用来指粮草是部队的生命线,粮草一断,部队自乱。

人苦不自知

指人很难正确地认识自己、评价自己。

人马未动，粮草先行

指带兵参战，必须先粮草充足。也指拥有充足的粮草，是打胜仗的先决条件。

人命关天

指有关人命的案子不可轻视，应当重视。

人怕理，马怕鞭，蚊虫怕火烟

怕：服从。指人服从于真理，如同马听从马鞭子指挥、蚊虫害怕火烟熏一样。也指人会在真理面前屈服。比喻做事只有合乎天理，大家才能遵守执行。

人平不语，水平不流

指人受到公平待遇，心平气和，自然不会有怨言，如同平稳的水，不会流动一样。比喻只要做事公道，就没有人指手画脚。

人情归人情，公道归公道

指不可以因为顾及情面而丢掉公道。

人情似铁，官法如炉

指人的情面如同铁一样，法律如同熔炉一般。比喻法律不容徇私。换句话说，人虽然讲情面，但在法律面前就不可以徇私情，要秉公办事。

人随王法草随风

王法：封建时代的国家法律，泛指法令。意思是人遵照王法办事，就如同野草随着风向摆动一样。比喻遵从法律做事，是天经地义的事情，不容置疑。

人无害虎心，虎没伤人意

害：伤害。指人没有伤害老虎的心思，老虎也就不会有伤人的举动。比喻要远离坏人，避免惹祸上身。也比喻自己不去伤害别人，别人也就不会伤害自己，即人不犯我，我不犯人。

人无前后眼

人往前看时，身后发生的事就看不到。意指暗算难防或事情的结果难以预料。

人无前后眼，祸害一千年

指人做事若没有考虑周全，就可能贻害无穷。

人无头不行，鸟无翅不腾

比喻无论做何事都必须有带头的人。

人无头不走，雁无头不飞

指一个团队没有人带头就没法行动；一个雁群没有头雁就不可以远飞。

人无远虑，必有近忧

人如果没有长远的打算和目标，就不容易避开眼前的忧患。

人无笼头拿纸拴

人无笼头约束，但立下契约字据却能够拴住人。指契约字据具备法律效力。

人心似铁，官法如炉

指人的意志即便如铁一样坚强，也受不了如熔炉一样的刑律。喻指铁落进熔炉就熔化，人再刚强，也要屈从于无情的法律。

人心未泯，公论难逃

指众人的良心没有消失，公众的谴责就不会逃脱。

人行千里，不战自弱；马行千里，不战自疲

指长距离行军是最大的自我消耗，属兵家的大忌。

人一走，茶就凉

指人一旦失去权势和地位，人们也就冷落他了。

人有贵贱，不可概论

古时指人的身份地位有贵贱之分，不可以等同对待。

人有几等人，佛有几等佛

指世人有等次级别之分，佛同世人一样，地位级别也互不一样。

人直不富，港直不深

指爽直的人不可能富裕，就如同港道笔直的地方水浅一样。换句话说，人要是正直无私，就不会发财致富，就如同港口太直，水就会很浅一样。

认理不认人，不怕不了事

指只讲道理不讲人情，就能办好事情。换句话说，做事情要是不讲私情，只讲原则道理，就可以解决问题。

任它狗儿怎样叫，不误马儿走大道

指任凭狗在路旁狂叫，马照样奔跑在大道上。也比喻不管别人怎么说难听的话，也阻挡不住大家顺着正确的道路继续走下去。换句话说，不管坏人如何找事破坏，也阻挡不了正义事业的前进。

日月虽明，不照覆盆之内

喻指世间总有冤案存在。

日间不作亏心事，夜半敲门不吃惊

日间：白天。夜半：半夜。指白天不做违背良心的事情，半夜里有人来敲门也用不着害怕。比喻不做损害别人的事情，自己心里踏实，知道不会惹人憎恨，所以遇事仍能镇定自如。意在告诉人们，不做恶事，就可以平安无事。

肉烂在汤锅里

比喻不受损失，利益依然存在。

肉眼不识神仙

肉眼：普通人的眼睛。比喻普通人识别不出能干的人物或优秀的人才。

如入宝山空手回

比喻本来可以大有收获结果却一无所得。

入国问禁，入里问俗

到别人的国家，要先了解禁令；到别人的家乡，要先了解风俗习惯。

入门休问荣枯事，观着容颜便得知

荣枯：荣耀和失意。指进了门就不要问人家境遇的好坏，只看主人的容颜便可得知。也指通过人的脸色可判断出人的境遇得失或人的心境如何。

入田观稼，从小看大

观稼：观察禾苗的长势。指到田地里观察禾苗的生长情况，就能预料到庄稼长成后是否丰收。比喻事情的发展变化，都会有征兆，从微小处能够看到显著之处，从目前情况可以预测未来。也比喻通过征兆可预测出结果。

入乡随俗

到了一个地方，就要尊重和顺从当地的风俗人情。

若要有前程，莫做没前程

如果要想让自己的前程美好，就不要做妨碍前程的事。

若要捕小鸟，先与闻甘歌

指要想逮小鸟，先得用美妙的歌声诱惑它上钩。比喻要想制服对方，先得投其所好，引诱对方上钩。

若依佛法，冷水莫呷

呷：喝。如果依照佛教法规，连冷水都不可以喝。意指修养德性不必过于拘泥，可以灵活运用。

S

三个臭皮匠，顶个诸葛亮

臭皮匠：指普通人。指人多能够集思广益，智慧多多。

三教元来是一家

三教：儒教、道教、佛教。元来：原来。在中国的文化中，儒、道、佛所宣扬的教义相差无几，三位一体。

三军易得，一将难求

三军士兵容易招募组织，而一名将领却不易找到。意指优秀人才难求。

三路公人六路行

人心不齐，步调不一致。

三请诸葛亮

意指诚心诚意邀请他人。

三拳敌不过四手

意思是人少比不过人多。

三日无粮不聚兵

部队三天没有食物，士兵就会解散。也借指如果物资供应不上，一个团体就可能会散伙。

三声鼓响，不如雷吼一声

比喻普通人的千言万语，比不上关键人物的一句话。

三岁至老

指通过三岁时的表现就可以判断出年老时的状态。换句话说，从年幼时观察其表现，就可以得知长大后会是什么样。

三十六计,走为上计

三十六:虚指,形容很多。指在事情无法挽回的局势下,最好的办法是拍拍屁股走人。

三天不打,上房揭瓦

比喻有些人只要受到的打击不多,就会无法无天。

三条腿的蛤蟆没见过,两条腿的人有的是

多指男女择偶不用发愁,可以按自己的意愿挑选。也指招募人员不必担心来源不够。

僧不离寺,道不离观

僧:和尚。道:道士。和尚不能离开寺庙,道士不能离开道观。常用来比喻人不能擅自离开自己的岗位。

杀兵不如惩将

指为了严明纪律,惩罚士兵不如处罚将领。也指处罚要自上而下,才有威慑力。

杀鸡给猴看

指在猴子面前杀鸡,给猴子看。警示人们:惩罚某些人,目的是吓唬那些不遵纪守法的人,让他们老实一点。比喻惩罚一个人用以警告其他的人。

杀老牛莫之敢尸

尸:主持。指杀掉对农家贡献很大的老牛,无人敢做主。比喻残害国家老臣,无人能担当起责任。

杀了头,碗大的疤

指砍头了,脖子上仅仅是个碗大的伤疤而已。古时的愤激语。比喻视死如归,对死亡不在乎。

杀人不过头点地

指杀人仅仅是人头掉在地上而已。比喻杀人并不可怕,头落在地上,仅仅是大事小事都结束了而已。也比喻对方已经低头服软,就应当宽恕他,不能做得太过分。

杀人偿命,欠债还钱

指杀人要抵命,欠债要还钱。换句话说,犯什么罪就应受到什么惩罚;借债就应该如数偿还。

杀人可恕,情理难容

恕:宽恕,原谅。指宁可宽恕杀人的行为,也不能容忍伤天害理的作为。

杀人一万,自损三千

打仗时杀死敌人一万人,自己也会损伤三千人。也指战争中胜方同样也有损失。比喻要想取得成绩,自己必须付出一定的代价。

纱帽底下无穷汉

纱帽:借指当官。指做官的没有穷人。比喻古时当官的没有谁不是靠搜刮民脂民膏发家致富的,即使同官沾一点亲都不会受穷受苦。

山高皇帝远

指高层权力管不到偏远的地方。

山鸡不敢上配凤凰

山鸡:雉,野鸡。凤凰:传说中的百鸟之王。指山鸡不敢同凤凰匹配。比喻地位低下的人家没有能力高攀名门贵族。

山鸡飞起来好打,兔子跑起来好打

比喻敌人暴露身份后才容易消灭。

山上无大树,茅草招大风

指没有大树,只能让茅草来抵挡大风的侵袭。比喻没有杰出的人才,只能让平凡人去代替他。

山有顶,路有头

指山再高也有顶,路再遥远也有尽头。比喻任何事物都有终点。

山有山神,庙有庙主

指每个地方都有管事的人。

山中无好汉,猢狲称霸王

意指在没有优秀人才的地方,平凡的人就能出人头地了。

杉木尾子做不了正梁

杉木尾子:杉树木材的末段。比喻小人物不能做大事情。

闪他闷棍着他棒

喻指躲避不开打击。

善人在患,弗救不祥;恶人在位,不去亦不祥

善良的人有困难而不去救他,邪恶的人当权而不罢免他,都是国家的灾祸。

善猪恶拿

指即使是稍微驯服的猪,也得用狠劲去抓。比喻应付敌手不能心慈手软,不可轻敌。

上边梁正下边直

比喻只要长辈或领导以身作则,其他人就不可能有越轨行为。

上边千条线,下边一口针

指基层得完成上级各个部门安排的各项任务。常用来讽刺政令繁琐,给下级增添不必要的负担。

上不紧,则下慢

指办理公务,上边抓不紧,下边的人就会行动缓慢。

上不正,下参差

上面不正,下面就会有问题。指上级人物不正派,下级就会效仿。

上交不谄,下交不渎

意指与上级交往不谄媚奉承,与下级交往不高傲怠慢。

上梁不正下梁歪

上梁没有上正,下梁肯定倾斜。比喻上面的人作风不正派,下面的人就会跟风变坏。

上马管军,下马管民

意指权力很大,文武大权都集中到一个人身上。

上明不知下暗

指即便上级贤明,也不十分清楚下级官员的黑暗之处。比喻身居高位的人不易得知百姓的疾苦。

上命差遣,概不由己

意思是受上级的差遣,自己不能做主。

上求材,臣残木;上求鱼,臣干谷

君主要木材,臣子就得砍光树林;君主要吃鱼,臣子就得抽干鱼塘的水。指只要君主有所喜好,佞臣就会不计后果,全力奉迎。

上人不好,下人不要

好:喜欢。意指上级没有喜好,下级就不用去搜刮。比喻地位在上的人如果不喜欢某个东西,他的下属就不会去寻找。

上山敢打虎,下海敢擒龙

喻指英勇无畏,勇往直前。

上山问樵,下水问渔

指要知道某方面的情况,就必须向有实践经验的人请教。

上什么山,打什么柴;进什么庙,念什么经

遇到不同的情况,要随机应变,见机行事。

上台容易下台难

指上任容易,但卸任时能有好的业绩却很难。

上有所好,下必甚焉

意谓上司有什么喜好,属下为投其所好就会喜爱得更加厉害。

上有天堂,下有苏杭

苏杭:指苏州、杭州,历史上著名的繁荣城市。指苏州、杭州的景色、物产可以跟神话传说中的天堂相媲美,是人们最理想的居住地方。

上有样,下跟帮

指上边好的言行是下面学习的榜样。

烧的纸多,惹的鬼多

纸:指祭神时烧的纸钱。指许诺给别人的钱财越多,找上门来的人也越多,麻烦就会越多。比喻给人钱财多,导致上门来找麻烦的人更多了。

艄公多了打烂船

掌舵的人太多了,就会弄坏船。喻指管事的人多了,意见不统一,反而会把事情搞砸。

蛇走无声,奸计无影

喻指凶猛的敌人和阴险的诡计无声无形,难于防御。

舍不得金弹子,打不了凤凰来

指不愿付出大的代价,就获不得好的收益。也指不付出一定的代价,就没法成事情。

舍不得孩子，套不住狼

比喻不作出一定的牺牲，就不能打败对手。又喻指不付出高的代价，就不会得到大的收益。

社稷兴亡，匹夫有责

社稷：指国家。匹夫：指平常人。意谓国家的兴亡，与每个人都有关。

射人先射马，擒贼须擒王

指想要射死骑马的人，先得射死马；想要捉拿贼寇，须先得捉拿贼寇的首领。也指对敌作战要击中要害。比喻解决问题要抓住问题的关键所在。

身处江湖，心存魏阙

魏阙：古时宫门外的阙门，喻指朝廷。自己在偏远的地方，但心中却思念着朝廷。意谓忧国忧民。

伸手三分利，不给也够本

指只要动手就会得到好处和收益。

身正不怕影子斜

指身子正就不担心影子是倾斜的。比喻自己行为端正，就不怕他人说三道四。换句话说，行为正派的人不怕他人的造谣诽谤。

神山佳话多

神仙居住的地方，传颂的奇闻逸事就会多一点。

神仙打仗，凡人遭殃

比喻上级人物争夺取利，倒霉的却是下面的普通人。

生成的豆芽长不成树

如果人从生下来就小家子气，长大也不会有大出息。

生看衣衫熟看人

指第一次见面是从穿着上来识别人的身份，了解后却是从人品上来评价一个人。换句话说，不了解的人，第一次相识，是通过对方的穿着，猜测他的身份；相识以后，就要看他的为人。

生铁不炼不成钢

铁不经冶炼不会成钢。意指人如果不经过艰难困苦的磨炼，就不会成为有用的人才。

胜负乃兵家常事

打仗是胜还是败，是用兵的人常常会碰到的事情。多指世上没有常胜将军，不能因暂时的失败而垂头丧气。

省事不如省官

删减事务，不如裁减官员。指官僚系统过于庞大，会影响工作效率。

十分惺惺使五分

惺惺：机灵，聪明。指聪明才智不能用完，必须留有余地。

十谒朱门九不开

谒：拜见。朱门：红漆大门，喻指富贵人家。指进入官府很困难。说明如果朝有钱人家借贷,常常会碰壁。

十个嘴把式,顶不住一个手把式

指能说的人再多,也比不上一个能做事的人。

十个衙门九个赃

指古时的官府大部分都有贪污受贿的污点。

食尽鸟投林,树倒猢狲散

指食物吃完了,鸟儿各自飞回树林里;大树倒下了,猢狲各自找各自的去处。比喻一旦权势衰败,依附的人便会立刻离之远去。

拾了根袜带,配穷了人家

指捡到一根袜带,还得有袜子配,有了袜子还得有衣裳配,袜子又比较容易破,结果反而使家里变得更贫穷。比喻所得到的不能补偿所失去时,也就是得不偿失。

拾得篮里便是菜

比喻不分好坏,将就着凑合。

识破人情便是仙

指能洞察常人心态的人就是十分高明的人。比喻如果会洞察人情世故,就好比神仙一样快活自在。

识时务者为俊杰

时务:指当时的局势或时代潮流。指对目前的事务能作出理智、正确的判断,才是优秀的人。换句话说,能分清眼前的形势,顺应事情的发展规律,才是出众的人才。

使功者不如使过

利用有功的人,不如利用犯过错误的人。指犯过错误的人一旦改过悔新后会更加勤奋,而有功的人容易居功自傲。

使勤不使懒

使用手脚勤快的人,不使用懒惰的人。

势乖奴欺主,时衰鬼弄人

乖:反常,违背常理。指没有了权势以后,连奴才都会欺负主人,运气不好时连鬼都来耍弄人。常用来形容人失势、倒霉时的境遇。比喻没有了权势就会受人欺负。

世治用文,世乱用武

意谓国家安定,重用文臣;天下动乱,重用武将。

世治则礼详,世乱则礼简

太平盛世,则礼仪周全;天下动荡,则礼仪从简。指礼乐教化要跟着时势环境的变化而变化,一成不变行不通。

是骡是马,牵出来遛遛

比喻一个人的能力有多大,不能只听他说的,要看他的实际能力。

手软打不死老虎

打虎得心狠手硬。比喻惩罚坏人,不可以心慈手软。

手中没把米,叫鸡鸡不来

指要想使他人听从自己的指挥,必须给别人实惠。比喻没有实实在在的好处,就吸引不了他人。

守法朝朝乐，欺公日日忙

奉公守法每天都快乐，损公肥己每天都提心吊胆。

寿不压职

指年龄大的威望比不过官职高的权势。

受尧之诛，不能称尧

尧：上古开明的君主。诛：惩罚。称：夸赞。被尧惩罚过的人不可能夸赞尧的圣明。指被自己处置过的人不会夸赞自己。

书生治兵，十城九空

书生领兵打仗，一定不会打胜仗。比喻没有实践经验的人办事不容易成功。

蜀中无大将，廖化作先锋

廖化：三国蜀将。三国后期，蜀名将相继死亡，后主让廖化做先锋，成为杰出的人物。意谓没有优秀人才，平庸之辈也能侥幸成名。

树大荫遮阴

指树大树冠也大，大家可以乘凉。比喻有权势依靠着，可得到好处。

树大阴凉大

指树大枝叶繁茂，遮挡阳光的面积也大。比喻家大业大，花费也大。也比喻地位高，权势显赫，能庇护的面积就大。

树大招风，名高招忌

比喻名声过大，容易惹人嫉妒，就好比树大了容易遭到风吹一样。

树倒猢狲散

比喻有权有势的人一旦倒台，依附的人或势力便会离之远去。

树高不能撑着天

比喻权势再大也有一定的限度。

树怕软藤缠

指软藤缠树，能缠死树。比喻软手段照样能降服强硬的对手。

树欲静而风不息

指树想平静，但风却一直吹得它摇晃。比喻人们想要平静的生活，可邪恶的势力经常一直捣乱。

树长千尺，叶落归根

指树再高，叶子落下来总是要归到根上。比喻长期漂泊外地的人，终归要返回家乡。

竖起招兵旗，不怕没有吃粮人

只要竖起招兵的大旗，就会有人来参加。比喻只要有人号召，就有人立马响应。

摔了个跟头，拾了个明白

比喻受到一次挫折，就会获得一次经验教训。

拴住人，拴不住心

指人的精神不可能约束。

水沟不通四处流

水流渠道不通畅,水就会到处漫流。也比喻不疏导人们的思想,民怨就会升温沸腾。

水过地皮湿

比喻由于经手某事而从中获得好处。也比喻敷衍了事。还比喻事情过去之后,没有造成很大的影响。

水火不相容

比喻双方互相对峙严重。也比喻对峙的双方不能和平共处。

水流千里归大海

指不管水流多远,最后都要流进大海。比喻漂流在异乡的人,终归要回到家乡去。

水清石自见

见:通"现"。水清澈,水中的石头自然会显露,就能看见。比喻周边环境好了,复杂的关系理出头绪了,事情才能真相大白。换句话说,事情终归可以水落石出、真相大白的。

水清无大鱼

指水太清了不能养大鱼。也比喻主政者过分苛察会得不到人心。

水至清则无鱼,官太清则无利

指水太清了养不成鱼,官太清了捞不到好处。

水中捞月一场空

比喻白费工夫,一无所获。

顺德者昌,逆德者亡

德:仁德,德行。意谓符合道行的就会昌盛兴旺,违逆道行的就要灭亡。

顺天者昌,逆天者亡

古时认为不能违背天意,顺应它就会生存昌盛,违背它就会导致灭亡。

说谎不瞒本乡人

指在当地人面前说谎是要露馅的。换句话说,谎话骗不过知道内情的人。

说破的鬼不害人

比喻阴谋诡计一旦识破,就不能再害人了。

私凭文书官凭印

指私人交往要以书信为凭证,官方往来要以公文印章为凭据,办事要有依据。换句话说,不管是公是私,办事都需要凭证。

死店活人开

店是固定不变的,而开店的人、开店的手段却是多种多样的。比喻事在人为,要见机行事。

死了张屠夫,不吃浑毛猪

死了一个屠夫,也不用吃没有煺毛的猪肉。比喻即便没有某个重要条件或关键人物,事情依旧能办成。

死人身边自有活鬼

比喻老实人受到欺侮,即便他自己不反抗,他身边的人也会站出来鸣不平。换句话说,受冤屈的人其身边自有为之伸张正义的人。

死人头上无对证

人死了,就不能对证了。比喻无法判别事情的真假虚实。

岁寒知松柏,国乱显忠臣

岁末天冷时才知道松柏耐寒,国家动乱时才显出忠臣的作用。

孙猴儿跳不出如来佛的手心

比喻能力再强也逃不掉他人的控制。也比喻本领再强大的人,也有人制伏他。

T

他弓莫挽,他马莫骑

指不要挽拉别人的弓箭,不要乱骑别人的马匹。比喻为人应守本分,不要起贪心。

他要我肝花,我要他肚肠

肝花:肝脏。比喻双方针锋相对,手段一个比一个厉害。也比喻双方积怨很深,势不两立。

贪小便宜吃大亏

指贪图不是自己的利益,虽能捞到小的利益,最终却会吃大亏。

太公钓鱼,愿者上钩

指姜太公在渭水边用无饵直钩放在水里钓鱼,并自语道:"负命者上钩来。"后用来指事出自愿,心甘情愿受损失。比喻人心甘情愿上当受骗。

太平本是将军定,不许将军见太平

天下太平是由士兵们奋勇作战换来的,但是政权稳定后将领们常常遭到排挤和迫害。

堂上一呼,堂下百诺

意谓身份显赫的人,一呼百应。

塘里无鱼虾也贵

比喻如果没有高档次的东西,低档次的东西也就显得贵重了。

天不生无用之人,地不长无用之草

上天不会让没用的人降生,就好比地上不会长没用的草一样。指世上万物都有各自的用处。

天不打吃饭人

古时迷信认为,上天不会打正在吃饭的人。比喻对人火气要分时机,要分对象。

天大的官司倒将来,磨大的银子罨将去

罨:压,覆盖。指古时官司再大,都可以通过钱财了结。比喻即使碰到了天大的官司,只要有大量的钱财疏通官员,就能过得了关。此谚语用来讽刺古时官府的腐败。

天狗吃不了日头

天狗:古时神话传说中的兽名。古时传说日食是由于太阳被天狗所吃。比喻邪恶战胜不了正义。

天晴不肯走,只待雨淋头

指天气晴朗的时候不抓紧时间赶路,非要等到雨水浇头时才赶路。比喻不识时务,给了面子还不趁机罢手,结果自讨没趣。也比喻失去了良机,只能招受灾难。

天无二日,人无二理

就像天上没有两个太阳一样,人世间也只有一个真理。

天下官管天下事

指当官的应注意世间的大部分事情。也指官吏要对世上所发生的大部分事情负责。

天下人管天下的事,世间人管世间人的事

指世上发生的事情,每个人都可以过问。

天下事抬不过个理去

指世上所有的事都得遵从某种特定的道理。

天下未乱蜀先乱,世界易平川难平

指历史上的战乱多发生在四川,又由于四川地势险要,因此很难平定。

天下衙门朝南开,有理无钱甭进来

指古时官府腐败,衙门办案依据的是谁贿赂的钱多,谁就有理。

天子犯法与庶民同罪

皇帝犯了法,也要同老百姓一样问罪。指不管地位权势有多高,都得受到法律的制约。

田鸡要命蛇要饱

指人和动物都是为了生存,在拼命奋斗。

条条大路通罗马

指不论哪一种方法都能够达到所期望的目的,不必吊死在一棵树上。

铁打的衙门流水的官

官署是不会变化的,而官员却如流水一样不断更换。

铁匠做官只是打

意指昏官办案只会拷打人逼供。

听传言失落江山

比喻听信传闻会导致很大的损失。

听人劝,吃饱饭

指听人劝告,收获会很大。换句话说,如果听人劝说,走上正道,日子就会过得安逸。

听话听声,锣鼓听音

指通过对方的讲话揣摸出其真正的意图。

庭院里跑不开千里马，花盆里育不出千年松

比喻要在社会实践的大风大浪里，经历风雨，见过世面，才能培育出杰出人才。

同行是冤家

指相同行业的人相互竞争，免不了会相互嫉妒，相互排挤，会产生矛盾冲突。换句话说，干同一行业，由于利益冲突，互相倾轧，相互之间视同仇敌。

偷鸡不着，反失一把米

比喻不仅没捞到好处，反而遭到了损失。

偷柴过岗，捉奸捉双

要抓偷柴的，必须等他把柴背过岗子之后；要捉奸情，必须在男女双方犯奸时捉住。也指说话办事重在证据。

偷来的财易尽，买来的官易坏

指用不正当手段到手的东西不会长久拥有。

头儿顶得天，脚儿踏得地

喻指人的品行规矩严肃。也比喻人形象高大，作风正派。

头头不了，账账不清

每个地方主管事的太多了，事情反倒不好办。

头雁顶住风，群雁跟着冲

比喻如果领导能够顶住压力向前冲，众人就会紧跟上。

图他一粒米，失却半年粮

指贪图别人一粒米，却损失了自己半年的粮食。比喻因小失大。

兔子尾巴长不了

比喻一种状态所维持的时间不会很长久。

兔子满山跑，还得回老窝

比喻出门在外的人，最终还要回到家乡。

陀螺不抽不转

陀螺：一种儿童玩具，形状略似海螺，通常由木头制成，下端有铁尖，玩时用绳子抽打，使其直立旋转。比喻对不严于律己的人必须施加压力。

退一步想，过十年看

指碰上事情应以宽缓、从容心态及长远的观点去考虑，而不是局限于实时情况。比喻办事要考虑后果，要留有缓和的余地。

W

瓦罐不离井上破，将军难免阵中亡

指在战场上打仗的将领难免在对阵中伤亡。比喻经常冒险，早晚会出事。

外举不避仇，内举不避亲

推荐外人不回避仇人，推荐自己人不回避儿子。

外明不知里暗事

指外头亮堂不知里面黑暗。也指只看到外表，对内在的实情不了解。比喻局外人不了解内情。

顽是顽,笑是笑

指玩笑与正经事不能混为一谈。

顽症还需猛药医

比喻对付顽固不化的人或长期处理仍没有解决的问题,要加大强度。

碗小碟大,磕着碰着

指一家人吵架。

万夫一力,天下无敌

团结起来力量大。

万金易抛,旧土难舍

指贵重的银子容易抛弃,熟乡旧地却难分难舍。比喻人总是眷恋自己的故乡。

万事分已定,浮生空自忙

分:命运。浮生:短暂虚幻的人生。人的一生早已由命运注定,人们在世间忙忙碌碌,到最后却是一场空。

万事俱备,只欠东风

指所有的条件都齐全了,就差东风了。比喻一切都已准备就绪,只差一个起决定作用的条件。换句话说,所有事情都准备到位了,最后只差一个关键性的问题还没解决。

万物人为贵

人世间万物就数人最为珍贵。

亡羊而固牢不为迟,见兔而呼狗不为晚

亡:丢失。牢:养牲口的圈,此处指羊圈。丢失了羊再补羊圈不为晚,发现兔子再叫狗去追不为晚。比喻事情出了问题,只要及时采取补救措施,还来得及避免再出差错。

王法本于人情,人情大于王法

古时指国家的法律是依据人之常情制订的,人情高于法律。指做事时要合乎常情。

王言如天语

指皇帝的旨意是必须遵守的。

王子犯法,庶民同罪

王子:国王的儿子。指地位高贵的人犯法,也应与老百姓犯法同样问罪。比喻法律不分贵贱,人人平等,即使是地位高贵的人犯法,也必须与平民百姓同样按法处置。

往日无仇,近日无冤

指相互之间从来不存在冤仇。

为官不与民做主,枉掌纯金印一颗

指当官的就是给老百姓做事,否则掌官印就没有意义。

为官是一时,为人是一世

做官是短时期的事,而做人却是一生的大事。指做官的要想到退任后的处境。

为了虱子烧个袄

比喻因小失大。

为了一口气,宁丢十亩地

指人活一口气,为了争气,可以付出任何代价。

为人别当差,当差不自在

指当差役受人指使派遣,身不由己,不能自己做主。

为人处世两件宝,和为贵来忍为高

为人处世的两大法宝:一是和,二是忍。

文不能安邦,武不能定国

不具备安邦的文才,也不具备定国的武略。意思是人没有多少本事。

文不文,武不武

文武两个方面都不行。意思是没有本事。

文不瞎编,武不擅动

文官不可以胡编乱造,武将不可以轻举妄动。

文臣安社稷,武将定戈矛

文臣的职责是治理好国家,让国家安定;武将的职责是平定战乱,让国家太平。

文官把笔安天下,武将持刀定太平

文官用笔来安定天下,武将用刀枪来安定国家。

文官不爱财,武将不怕死

指做文官就要廉洁奉公,武官就要不怕牺牲。

文官动动嘴,武官跑断腿

文官作出决策,武将就要为此而做事。指决策者非常轻松,而执行者比较辛苦。

文官三只手,武官四只脚

三只手:指比平常人多了一只要钱的手。四只脚:指两腿跪地,两手撑地,成投降求饶姿势。讽刺古时统治者腐败,文官贪财,武将怕死。

文能克武,柔能克刚

多谋善断的人能打败勇敢威武的人,温柔婉转的人能打败强硬刚烈的人。

文齐福不齐

古时认为人的命运都是上天注定的,即使学识齐全,但运气不佳,也中不了举。

文死谏,武死战

古时指文臣是否忠君取决于他能不能舍死劝谏国君,武将爱国与否要看他能不能舍死保家卫国。

文武之道,一张一弛

文:周文王;武:周武王;道:办法。张:弓弦拉紧;弛:弓弦松开。周文王、周武王治理国家的手段,就如拉弓射箭一样,一张一弛。意指工作应该松紧适度,有节奏地开展。

文章自古无凭据

指自古以来评价文章的优劣没有特定的标准。

巫师斗法，病人吃亏

巫师同巫师斗法术，吃亏的是病人。比喻上层人互相争斗，受罪的是下面的普通群众。

屋漏在上，知之在下

屋顶是否漏雨，屋里的人知道。比喻如果当政者出现差错，下属和群众看得最清楚。

诬告加三等

对歪曲事实诬陷别人的人，要严重惩罚。

无刁不成状

没有欺骗狡诈就写不出来诉状。

无风起浪

指没有刮风却有波浪。比喻无理由却惹是生非。

无根的浮萍，长不成栋梁之才

浮萍：在水面上浮生的一种草，茎扁平如叶子，根垂在水里。比喻没有坚实根基的人不可能成大器。也比喻脱离群众的人承担不起国家的重任。

无功不受禄

禄：俸禄。原指没有功劳就不敢接受俸禄。也泛指不为人做事，不可以接受馈赠。

无功受禄，寝食不安

指没有作贡献，却接受丰厚的酬谢，睡觉吃饭都会因此感到不踏实。

无官不贪，无商不奸

指古时官场里，人人都贪污，商界里人人都奸诈。

无官一身轻

古时认为，辞掉官职，精神上没有负担，反倒觉得更加轻松愉快。

无粮不聚兵

部队中士兵没有食物，军心就会涣散。

无马狗用犁

没有马，狗也可以耕地。指没有合格的人才，也可以用差一等的人才来代替。

无事不登三宝殿

三宝殿：佛殿。常指有所求的地方。没有心事是不到佛殿求神拜佛的。比喻没有事情是不会登门拜访的，既然登门就有事相求。

无赃难定罪

没有赃物作证据，就很难定罪。指是否给他人定罪名，关键在证据。

武不善作

指一旦动武了，就不会有友善的举动了。比喻动起武来就会不留情面，不会有好的结果。

五里不同天，十里不同俗

指每个地方都有各自的风土民俗，即使是距离较近的地方，民情风俗也不一样。

物必先腐，而后虫生

指任何东西都是自身先腐烂，然后蛆虫、蛀虫才能寄生。比喻一个国家、一个团体或一个家庭，内部不出问题，外人是难以入侵的。

X

洗脸莫怕擦鼻子

洗脸肯定避免不了擦鼻子。比喻纠正不良之风，一定会触到领导。

瞎驴上不了板桥

比喻不优秀的人可能办不好事情。

下了山的老虎不如狗

指老虎在山里，是群兽之王，一旦离开山岭，来到平川，连狗都比不上。比喻有地位的人一旦没有了权势，连个普通百姓也比不上。

下民易虐，上苍难欺

欺压百姓不难，欺骗苍天却难。古时指上天有灵，恶有恶报。劝诫人不要做伤天害理的事。

下有茯苓，上有菟丝

茯苓：寄生于松根的一种菌类植物。菟丝：植根于茯苓上的一种植物，藤细如丝。指菟丝之下定有茯苓。比喻推断事理可以由此知彼，由外知内，由显知隐。

先打后商量

意谓先采用强硬手段，然后再坐下来商量。

先君子后小人

先做君子，后做小人。指先按道理来，以礼待人；行不通的话再采取强硬措施。

先礼而后兵

指打仗之前，先运用外交手段，和谈行不通之后再开战。

先礼后兵

意谓先以礼相待，没达到目的时再采取强制手段。

先说断，后不乱

断：决定。做事之前先把有关条件说明白，就可以避免随后的意见不一致。

先下米，先吃饭

比喻早动手，就能早得益。

先下手为强，后下手遭殃

指先发制人可取得主动权，要不然就会吃亏。换句话说，双方交手时，先动手的就能取得主动权，能迫使对方措手不及，处于被动地位；晚动手的就可能吃亏。

贤者在位，能者在职

意谓只有贤明的人掌握权力，才会任用有才干的人。

县官不如现管

指官职再大，也比不上直接管事的人有实权。

县令县令,听钱调用

指古时官吏贪赃舞弊的人很多,谁行贿,就给谁办事。多用来形容官员贪赃枉法。

相骂无好言,相打无好拳

指双方对骂时不讲好话,两人打架时不留情面。

相马失之瘦,相士失之贫

相:通过观察事物的外表,判断其好坏。挑选良马时,因马的瘦弱而被刷掉;选拔人才时,因家庭贫穷而被刷掉。比喻观察人与事物要重在本质,不要只注重表面现象。换句话说,选拔人才时,不能只看外表,而要看他的实际才能。

乡有乡规,民有民俗

乡村有乡村的规矩,民间有民间的风俗。意指每个地方都有自己传统的风俗民情。

向情向不了理

向:偏袒。理:公道,公理。指在情感上可以有些偏心,但在道理上不能给予袒护。比喻遇事如果徇私情,那就不能坚持公理,也不能主持公道。

铲草不除根,萌芽依旧发

比喻祸患要从根儿铲除,要不然后患无穷。

小鬼跌金刚

比喻弱小的可打败强大的。也比喻弱小的恶势力,如果任由他继续发展,也会有很大的破坏作用。

小民斗官,只能转圈

指老百姓没权没势,不能正面与官吏斗争,只能采用迂回曲折的方法。

小泥鳅翻不起大浪

泥鳅:一种小鱼,喜欢潜伏于泥中。比喻小势力不会成大气候。

小钱不去,大钱不来

指如果不愿付出代价,就得不到大的利益。

小石头,打坏大缸

比喻小的能够打败大的,弱的能够打败强的。

小腿扭不过大腿

比喻力量弱小的打不败力量强大的。

笑骂由他笑骂,好官我自为之

意谓不理他人的讥笑和谴责,依旧我行我素,一心想着升官发财。

邪不胜正

指邪气战胜不了正气。比喻邪恶始终不能战胜正义或公道。

新兵怕炮,老兵怕号

指新兵没有战斗经验,听到炮声就惧怕;老兵有经验,最怕冲锋号,一冲锋就知道可能丢命。

新官上任三把火

指新上任的官员总要办些事,以树立自己的威望。比喻开始做某事时热情非常高,过了三分钟热度就不行了。

心正何愁着鬼迷

指心地端正,就不怕鬼魅迷惑。比喻心正不怕邪气。

信人调,丢了瓢

调:挑唆。指相信他人的挑拨,结果吃了大亏。

行动有三分财气

只要做事,总会有些收获。比喻只要有所付出,就会有收获。

行下春风望秋雨

比喻做了好事盼望能收到回报。

行不更名,坐不改姓

指正大光明,无论何时都不隐瞒自己的真相。

行船走马三分命

古时指坐船、骑马都可能有生命危险。比喻乘船、骑马总会有一些风险,要先做好思想准备。

行车有车道,唱歌有曲调

指凡事都有自己的规矩,不能胡来。

雄鹰飞得再高,影子还在地上

比喻人不管地位有多高,终究是集体中的一分子。

秀才遇见兵,有理讲不清

指讲道理的人如果遇到一味蛮横的人,无论怎么讲理也是没有用的。也指讲道理要分对象。

血债要用血来还

指所欠的血债必须用血来偿还。

衙门的钱,下水的船

古时指进官府打官司,花钱就如同顺流漂下的船只一样快。

衙门口向南开,有理无钱莫进来

指古时官府认钱不认理,不替普通老百姓伸张正义。

严将出强兵,严婆出巧媳

将领严格,兵力就强大,婆婆严格,媳妇就乖巧。意思是只有严格要求才能培养出优秀的人才。

炎炎者灭,隆隆者绝

声名、地位或权势显赫的人容易招致祸患。

阎王不嫌鬼瘦

比喻恶人不论穷人富人都要压榨。

盐也只有那么咸,醋也只有那么酸

比喻事情并没有什么大不了的,不必大惊小怪的。

盐卤点豆腐,一物降一物

盐卤:也叫卤水,简称卤,熬盐到最后剩下的黑色液体。降:制伏。一物降一物,就如盐卤能让豆浆凝成豆腐一样。

眼观旌旗捷,耳听好消息

意谓希望成功,等待胜利的好消息。

眼睛跳,晦气到

晦气:不吉利,倒霉。民间认为眼皮跳动,倒霉的事情就会出现。眼皮跳动和晦气两者没有一定的逻辑联系,这是一种迷信的观点。

雁飞千里靠头雁

大雁飞行得有头雁领路。指群众做事得有领导来带动。

燕雀居堂,不知祸到

燕雀在厅堂的栋梁上垒窝自认为安全,却不知灾祸就要降临。意谓处境危险却一无所知。

羊肉不曾吃,空惹一身膻

比喻好处没到手,却惹上了不好的名声。

羊有头,人有主

羊群有领头的羊,人群有带头的人。什么事都必须有主事的人。

养儿当兵,种地纳粮

儿子长大有义务参军,耕种田地者有义务缴纳粮食。

养虎自遗患

遗:留下。比喻如果宽恕敌人或恶人,相当于是给自己留下了后患。

养家千百口,作罪一人当

一家有很多人,谁犯罪谁承担,不可以牵连别人。

养生不若放生

喂养动物,即便提供优越的生活条件给它们,不如放它们回归自然。比喻把人供养起来倒不如给人以自由。

养子不教如养驴,养女不教如养猪

指驴既犟又顽,猪既蠢又懒。也指如果对子女只养不教,就不可能成大器。

要吃清泉水,就得地理鬼

要想喝到清澈的泉水,还需依靠熟悉地形的人来帮助。指要想做成一件大事,不能离开精明又知情的人来帮助。

要打仗,拜大将;要打磨,请石匠

指要想干成大事,就必须请行家来帮助。

要得活儿多,还得吃与喝

要想让人多干活,就得先给他吃好喝好。

要叫马儿跑，得叫马儿多吃草

比喻要想让他人好好工作，就得给予一定的报酬。

要破东吴兵，还得东吴人

比喻要干好一件事，就得让了解这方面情况的人去处理。

要取骊龙项下珠，先须打点降龙手

要想摘下黑龙脖子下的宝珠，就得先送给降龙人一部分钱财。比喻要想办成大事，就必须先用高薪吸引人才。

要想斗争巧，全凭智谋高

要想在斗争中以巧取胜，必须靠高超的智慧和谋略。

要知海深问渔夫，要知山高问猎户

要想获得相关的知识或了解某方面的情况，就得请教知识渊博的人或经验丰富的人。

要知山下路，须问过来人

比喻要想了解情况，就要请教有经验的人。

要知心腹事，但听口中言

但：只，只要。指想了解他人的心事，只用听他说话就行了。比喻要想知道一个人在想什么，只要听听他说什么，就可以略知一二了。

野马脱缰要乱套，人无法律走乱道

只有通过法律约束人的行为，社会才会秩序井然。

夜不闭户，路不拾遗

意指天下太平，社会秩序良好。

夜猫子不黑天不进宅，黄鼠狼不深夜不叼鸡

夜猫子：猫头鹰。比喻坏人喜欢在暗中行动，做坏事总是瞄准隐秘的时机开展。

夜猫子害怕见太阳

意谓恶势力害怕正义的力量。

夜入人家，非奸即盗

意谓夜里闯进他人家中，一定是作奸犯科的人。

一百饶一下，打汝九十九

意思是宽恕少但惩罚重。

一棒打两只鸡

比喻办事一举两得。

一辈子不出马，到老是个卒

一辈子不打仗，到老也是兵。指人如果不经磨炼，不见世面，就不会成大气候。

一朝权在手，便把令来行

指做官的一旦掌握了大权，就会发号施令。

一朝时运至，半点不由人

意谓一旦遇上好运，一切便情不自禁地好起来。

一朝天子一朝臣

古时换一个皇帝常常要换一批大臣。现在常指一个人上台，就会紧接着换一批亲信或随从。

一床锦被遮盖

意思是请求别人通融庇护。

一打三分低

指一旦动手打人，就理亏了。

一夫出死，千乘不轻

意谓如果有一人准备决死而战，即便拥有重兵也不能轻视。

一夫当关，万夫莫开

一个勇士把守的关口，再多的勇士也攻不开。意谓地势险要。

一夫拼命，万夫难敌

意谓一人拼命，再多的人也抵挡不住。

一竿子打不倒一船人

指法不责众。也指一个人不能对付一群人。

一个不摘鞍，一个不下马

指对立的双方谁也不让谁。

一个槽上拴不下俩叫驴

叫驴：公驴。指两只公驴拴在一起会打架，因此不能拴在同一个槽上。比喻一个地方容纳不了互不相让的两个人或针锋相对的两个强者。

一个将军一道令

每个将领各有自己策略和军令。

一个神仙一套法

每个领导都有一套解决问题的办法和手段。

一个土地爷好烧香，两个土地爷难叩头

一个神好敬，两个神不好敬。比喻领导多了，人们就会无所适从，不知该听谁的。

一个竹眼钉一条钉

比喻双方针锋相对。

一棍打一船

比喻不分青红皂白、好坏对错，全盘否定，全部打倒。

一家有一个主，一庙有一个神

意指每家都有一个主事的人。

一将功成万骨枯

一个将领显赫的功绩是用无数士兵的生命换取的。

一将舍命，万将难敌

一个将领将自己的生死置之度外拼命冲杀，再多的敌将也抵挡不住。

一将无谋，累死千军；一帅无谋，挫丧万师

指将帅若没有谋略，全军就会受挫或失败。也指领头人没本事，人们就会跟着遭殃。

一马当先，万马奔腾

领头马在前面奔跑，后面的马就会奋蹄而起，紧追不放。比喻领导起到了榜样，人们自然会忘我工作。

一年种谷，三年生金

形容如果条件优越，一旦投入就能获得丰厚的回报。

一人藏物，千人难寻

指一个人藏的地方，很多人也不容易找到。也指藏的人有目标，找的人没有头绪。

一人看一步，十人看百里

指人多智慧高，计划得长远。

一人为私，两人为公

为：动词，做，指对事情作出判断。对同一件事情，一个人作出的判别常常有偏私，两个人作出的判断常常会比较公正。

一人在朝，百人缓带

缓带：宽束衣带。形容悠闲自在。指如果有一个人在朝廷做官，亲朋好友便能过上安逸的生活。比喻一人做了大官，许多与之有关系的人都能得益享福。

一人之下，万人之上

一人：指天子。万人：指百官。意谓地位高高在上、权势显赫的大臣。

一日动干戈，十年不太平

一旦打起仗来，社会秩序就会长时间混乱不堪。

一日官司十日打

指一旦打起官司，短时间内很难了结。比喻一天能做完的事，却拖着干了很长时间。

一日为官，强似千载为民

古时指当官的享有特权，生活富裕，还搜刮民脂民膏。比喻当一天的官，比当一辈子的老百姓都强。

一日纵敌，数世之患

指一旦放纵了敌人，就会为后代人带来祸患。比喻一旦放走了敌人，将会后患无穷。

一日纵敌，万世之患

指一旦对敌人放纵，就会给后代子孙留下祸患。

一山不藏二虎

比喻同一个地方容纳不下两个强者。

一时之胜在于力，千古之胜在于理

指依靠力量只能获取一时的胜利，凭借真理才能得到永久的胜利。

一事到官，十室牵缠；一人入狱，一家尽哭

指一家官司，牵连很多家邻舍；一人犯法，搅得全家不安宁。古时指打官司造成的后果很严重。

一世为官三世累

一代人当官，会连累几代后人。指做官的人必须视做官为畏途，小心谨慎，公正廉明，以免累及后代。

一手遮不了天

比喻一个人势力再强大，也不能欺压所有的人。

一岁主，百岁奴

主子即便年幼也是主子，奴仆即便年老也是奴仆。意谓身份地位很难改变。

一碗凉水看到底

喻指心怀偏见而评价他人。

一言兴邦，一言丧邦

一句话决定到一个国家的兴亡。意思是关键人物的话非常重要，要谨慎。

一叶蔽目，不见泰山

指如果一片树叶遮住了眼睛，泰山近在眼前也看不到。比喻由于个别小事所蒙蔽而看不清事物的整体。换句话说，如果被个别的局部现象所迷惑，就看不到整体和全局。

一叶落知天下秋

指看见一片树叶落下来，就知道秋天将要来临。比喻从事物的细微变化迹象中，就可推知其发展的趋势和结果。

一症配一药，跳蚤无涎捉不着

涎：口水。什么病就得用什么药来医治，手上没有口水是捉不着跳蚤的。比喻针对不同的人就要采用不同的方法来应付。

一枝一叶总关情

对每一根枝条、每一片叶子都给予关注。意指关心人民的疾苦细致入微，或观察事物全面周到。

一只碗不响，两只碗叮当

比喻一个人不会吵架，两个人才会吵架。也比喻冲突是由双方引发的，不会只有一方有责任。

一正敌千邪

指正义在身就可以抵御或制服千倍的邪恶。比喻正气可以退避各种邪气。

一子出家，九祖升天

子孙中有一人出家修道，众多祖宗都可以升天成仙。意指一人得势，全家跟着沾光。

一子受皇恩，全家食天禄

指一个人当了官，全家都享用朝廷的俸禄。

一字入公门，九牛拔不出

公门：官府衙门。指诉讼状子一旦送到官府衙门手中，想要回或更改一个字都办不到了。比喻写诉讼状子要特别谨慎小心。

依了佛法饿杀，依了王法打杀

古时认为，如果处处按着佛法办事，只会挨饿；如果处处按着官法办事，只会挨打。指为人处世要灵活多变，不要墨守成规。

医得眼前疮，剜却心头肉

比喻不顾一切地排除眼前的困难。

疑人莫用，用人莫疑

有嫌疑的人就不任用；已经任用的人就不要怀疑他。指用人要坦诚相待，贵在诚信。

以狼牧羊，何能长久

指用狼来放羊，羊怎么能生存？比喻让恶人来主事，其结果可想而知，必定更加危险。

以毒攻毒，以火攻火

攻：治。比喻要用与对方相同的厉害手段或办法来对付对方。

以利相交者，利竭而疏

为利益而结交的人，一旦失去了利益就变得疏远了。

以小人之心，度君子之腹

比喻用狭隘、卑劣的心理去度量高尚者的胸怀。

义理之勇不可无，血气之勇不可有

指勇敢应使用在正义上，而不是用在感情冲动上。

阴天不见晴天见，白天不见晚上见

指早晚总会让对方看到厉害的。

英雄所见略同

所见：见解。略：大致。指英雄人物的见解或认识经常相差无几。多用于赞赏两个人的想法不谋而合。

迎风的饺子，送行的面

迎风：迎接归来的人。迎接归来的人吃饺子，图个团圆；为客人朋友送行吃面条，图个顺利。

迎风儿簸簸箕

比喻言语行动违背事理。

用人容易识人难

指利用一个人不难，但要了解一个人却很困难。

用之则为虎，不用则为鼠

指有才能的人，重用时会如猛虎一样发挥威力；不用时如同老鼠一样被鄙弃。指只要用人得当，便可发挥其巨大作用。

油鬏髻上封官

鬏髻：古代贵妇的一种发髻。喻指依靠妻女姊妹关系而谋取官职。

有兵刃的气壮，无家伙的胆虚

意谓双方相斗，手中有兵器的人气壮，而赤手空拳的人总是有些害怕。

有车就有辙,有树就有影

有车走过就会有车辙,有树木就会有树影。比喻不论事情做得如何机密,总会留下蛛丝马迹。

有大略者不可责以捷巧,有小智者不可任以大功

有大略者:擅长谋划大事的人。捷巧:雕虫小技。大功:大事。对有雄才谋略的人不该苛求他会小技艺,对有小聪明的人不该委任他做大事。意指用人要量其才,尽其用。

有洞必有妖,有鱼必有鲨

指只要有可隐身的山洞,就肯定有妖魔出没;有可吞食的鱼虾,就肯定有鲨鱼在周围活动。比喻只要条件允许,坏人就会兴风作浪。

有钢使在刃上

指财物要用在迫切需要的地方。比喻要把精兵强将用在最关键之处。

有理不可灭,无理不可兴

有理的事情要坚持,没理的事情要适可而止。

有理不在声高

指只要有理就能说服人,不在于说话声音的大小。比喻要以理服人而不是以势压人。

有理没理三扁担

指官府昏庸,上门告状的不管有理无理都得到相同的惩罚。也比喻不管是非曲直,直接给予相同的处罚。

有理说不弯

指使用高压也不会让有理的人屈服。

有理言自壮,负屈声必高

理由正,说话气势就高涨;蒙受委屈,说话声音必定响亮。

有理走遍天下,无理寸步难行

指凭道理办事,在哪里都行得通,不讲道理处处都要碰壁。

有例不兴,无例不灭

既然有旧的惯例就没必要再创立新例,既然没有新法就没有必要谈废除旧法。指不兴不废,按惯例办事。

有苗留在垄上,有话说在理上

指说话讲道理外人才能信服,就像禾苗种在垄上才能生长一样。

有奶便是娘

比喻谁给利益,就投靠、奉承谁。换句话说,有的人没有气节,只贪图私利,谁给好处就为谁效力。

有钱得生,无钱得死

古时用钱行贿贪官污吏就可以免去死罪,没有钱行贿只有死路一条。

有钱难买背后好

人们能在背后称颂,那才是最难得的。

有星皆拱北,无水不朝东

比喻人心归向。

有眼无珠

指虽然长着一双眼睛,却没有能力识别。

有治人,无治法

意谓有治国的人,却没有治国之法。

有智赢,无智输

有智慧就会取胜,没有就会失败。

与其找临时马,不如乘现时驴

比喻在紧急关头要使用眼下的条件处理问题。

鹬蚌相持,渔人得利

鹬:长嘴的水鸟。蚌:有两个椭圆形介壳的软体动物。比喻双方争执不休,结果却让第三者从中获利。

欲知其人,观其所使

意谓要想知道一个人的品行,只要看他所差遣的是什么样的人就可得知。

冤有头,债有主

指报仇要找领头的人,讨债要找欠债的人。也比喻是谁的责任就应该由谁来担当。

远来和尚好看经

本地人更愿意请远方来的和尚念经文。指人们更看重远道而来的和尚。泛指外来人比本地人更容易得到敬重。

Z

宰相肚里撑舟船

指宰相气量大,胸怀宽阔。也泛指人应该宽宏大量。

宰相肚里好撑船

宰相:我国古代辅助君主掌管国事的最高官员的通称。意思是人的度量大,可以容人容事。

宰相家奴七品官

比喻大官僚的属下也掌有非常大的权力。也比喻官位比较高的人,家中的奴仆也有相当的身份和地位。

宰相家人七品官

宰相家的奴仆可以算是个七品官。意思是奴仆依附主子而得势。

宰相须用读书人

宰相辅助君主掌管国家大事,必须由知识渊博的人来担当。

蚱蜢斗公鸡

比喻弱者敌不过强者。

斩草不除根，萌芽依旧发

意指不彻底消灭仇敌，就有可能留下后患。

斩草除根，萌芽不发

意思是除恶务尽，不留后患。

斩草要除根

除草要从根铲除。比喻除恶务尽，不留后患。

占小便宜吃大亏

指常常贪图小便宜的人，总有一天会遭受大损失。劝诫人不要贪小利。

站得高，看得远

指立足点高，看得就远。比喻处理问题要有长远的眼光，不能只顾眼前的利益。

战无不胜，攻无不取

意谓军队力量强大，百战百胜，或不论做何事都不会失败。

丈八的灯台，照见人家照不见自己

喻指没有自知之明。

招军买马，积草屯粮

屯：储存。意谓扩充武装力量，加强后勤储备，或壮大实力。

知底莫过本乡人

指同乡人之间是最了解底细的。

知法犯法，罪加一等

明知法律规定不该这样，却偏要以身试法，这样的人就该加倍惩罚。

知情不报，罪加一等

明明知道案情却不及时揭发举报，更应该严加惩罚。

执法不留情，留情法不容

意思是执法的人应该铁面无私，不徇私情。

执法犯法，罪加一等

执法的人犯法，应当加倍处罚他。

指冬瓜骂葫芦

意思是指桑骂槐。比喻表面上骂的是一个人，实际上却是骂另外一个人。

只此一家，别无分店

古时商店招牌，招揽生意的用语。意指同类店铺只有这一家，独自垄断，独一无二。

只见树木，不见森林

比喻看问题不全面，仅看到问题的局部，看不见整体局势。

只开弓不放箭

喻指虚张声势。

只怕睁着眼儿的金刚，不怕闪着眼儿的佛

指怕硬不怕软。

只有不快的斧,没有劈不开的柴

比喻只要决心大、方法正确,没有克服不了的困难。

只有错捉,没有错放

对嫌疑犯宁可捉错,也不可放错。意思是捉错了可放掉,放错了就不容易再捉回。

只有千日做贼,哪有千日防贼

指做贼的每天都在作案,防贼的却很难每天都防备,总有松懈大意的时候。

只有鱼吃水,没有水吃鱼

比喻办事要合乎情理,不可以违背常规。

只知我外面行状,不知我肚内文章

行状:指人品或事迹。只了解表面情况,不晓知内心的如意算盘。

只重衣衫不重人

意谓为人势利,只看重人的外表,不看重人的本质或能力。

治乱世,用重刑

意谓必须用严厉的法律来治理混乱的社会。

治一经,损一经

经,指中医的经络。比喻考虑到了一方面,却又损害、影响了另一方面。

鸷鸟将击,卑飞敛翼

鸷鸟:指凶猛的鸟。意指欲擒故纵,待机而后发。

智过禽获得禽,智过兽获得兽

只有智谋比禽兽高才能捉住禽兽。意谓谋略只有高过对手才可以打败对手。

珍珠掺着绿豆卖,一样价钱也抱屈

指把珍珠掺到绿豆当中去卖,即使仍卖出和珍珠一样的价格,也会使珍珠受到屈辱。比喻有名望有地位的人和平庸的人搅和到一起,身价就会降低。

争得猫儿丢了牛

意谓因小失大。

政如冰霜,奸宄消亡;威如雷霆,寇贼不生

奸宄:坏人。指政治清廉,法令严明,就不会出现违法乱纪的坏人和坏事。比喻政令严肃威猛,违法乱纪的坏人就自然不会出现了。

忠臣不怕死,怕死不忠臣

意指尽忠报国的臣子不怕死,贪生怕死的臣子不会为国卖命。

忠臣孝子人人敬,佞党奸贼留骂名

意谓忠臣孝子受人尊敬,佞党奸贼受人憎恨。

忠孝不能两全

指尽忠和尽孝常常不能两者都兼顾。

忠言逆耳利于行,良药苦口利于病

逆耳:不顺耳。意谓忠诚的话听着不好听,但有利于行为;烈性的药喝下去很苦,但能治好疾病。

种瓜得瓜，种豆得豆

原是佛教用语，指因果报应。后来用作比喻做什么样的事，就会得到什么样的结果。

重赏之下，必有勇夫

指重金悬赏，必定有人敢于出来做事。换句话说，只要有重赏，不论事情有多艰险，都会有人去干。

众人的眼睛是杆秤

指大家对事物有公正的评价。

主将无能，累死三军

意思是将领没有才能，部下累死也不会获胜。

抓鱼要掐鳃，捉蛇要攥头

指掐住鱼鳃，鱼溜不掉；攥住蛇头，蛇不能咬人。比喻说话做事只要有理，就不会处于被动地位。

最能拉车的牛，最先挨人的刀

指出力最多的牛，死得最早。古时比喻最善良最勤劳的人常常是最早受到打击和迫害的。

早晨不做官，晚夕不唱喏

唱喏：拱手扬声致礼。对失去官职的人就没有必要行礼致敬了。意谓世俗中的人情势利。

早晨栽下树，到晚要乘凉

比喻盼望早些得到收益。也比喻事情刚刚做完，不会立即就能受益。

早知三日事，富贵几千年

指如果可以预测未来的事，就能获得长久的利益。

在官言官，在府言府，在库言库，在朝言朝

在官府就谈论官府的事，在储藏货物的地方就谈论储藏的事，在武库就谈论武库的事，在朝廷就谈论朝政的事。意思是处在什么地位就说什么话。

造法容易执法难

意指执法比制定法律困难很多。

自家有病自家知

比喻自己最了解自己的状况。换句话说，自己的问题自己最了解，他人无从知晓。

自古兴亡不由人

兴亡：国家兴盛与衰亡。古时认为国家的兴亡不是由人的意志所能定夺的。

纵虎归山，后患无穷

意谓放掉强敌，后患无穷。

纵子如纵虎

指放纵子女就像放开老虎一样，后患无穷。

作恶恐遭天地责，欺心犹怕鬼神知

意谓干坏事天地不容，昧良心做坏事早晚要遭报应。

作福不如避罪

在佛祖前做功德求福,不如不干犯法的坏事。

坐得正来立得正,哪怕和尚尼姑合板凳

比喻行为正派,不怕他人议论。

坐山观虎斗

比喻用旁观者的态度看待双方的争斗。

坐饮家乡水也甜

喝自己家乡的水,会感觉水也是甜的。比喻对自己的家乡都有着深厚的感情。

做得矮人,才做得将军

意思是只有能屈能伸,才能成大事。

做事要在理,煮饭要有米

指做事必须合乎常理,就像做饭必须有米一样。

卷二　礼节　修养　志向

A

爱叫的猫捉不到老鼠,好吹的人办不成大事

比喻爱夸耀吹嘘的人没有真能力。

爱骑马的不骑驴,爱吃萝卜不吃梨

比喻人的喜好各不相同。

爱惜五谷,儿孙多福

指知道珍惜粮食的人,会给儿孙带来幸福生活。

安逸使人志气消,勤奋使人志气高

贪图安逸会使人丧失上进心,不懈的努力使人志气昂扬。

傲气大了栽跟头,架子大了没人理

指做人要谦虚,平易待人,高傲无礼会导致失败或受到大家的疏远。

B

八十留胡子,大主意自己拿

比喻要有主见,有见识。

疤痕是从创伤来的,谨慎是从经验来的

比喻人从生活的磨砺中学会谨言慎行。

把舵的不慌张,乘船的才稳当

指船遇风浪时,掌舵的人头脑冷静,船上的顾客心里就安稳。比喻领导者或主事者遇事要沉稳、冷静。

白日里见鬼

比喻碰到倒霉的事。

白日莫闲过,青春不再来

指应珍惜青春年华,不要虚度光阴。比喻每一天的光阴都要珍惜,一个人不会有第二个青春。告诫人们,要珍惜宝贵时光,不要荒废青春。

白首贪得不了,一身能用多少

白首:指年老。指年老了仍然贪心不知满足,不懂得自己能用多少。用于告诫人们不要贪得无厌。

百尺竿头,更进一步

百尺竿头:百尺高的竿子,佛教用来比喻修行达到了极高的境界。比喻虽然已经取得了很大成就,但不要骄傲自满,应继续努力,不断进步。

百金买骏马,千金买美人,万金买高爵,何处买青春

骏马、美女、官位都可以用钱买到,唯独青春一去不复返。意谓要珍惜青春年华。

百里之海,不能饮一夫;三尺之泉,足止三军渴

指方圆百里的大海,不够一个人饮用;三尺长的泉水,足以为三军解渴。比喻十分贪婪的人,财富再多也不会感到满足;若所求有限,东西再少也不会感到缺乏。

百灵鸟不忘树,梅花鹿不忘山

比喻人不应该忘本。

百年三万六千日,光阴只有瞬息间

瞬息:一眨眼一呼吸的短时间。百年的光阴,眨眼就会流失了。提醒人们要珍惜时间。

百巧不如一拙

巧:乖巧。拙:笨拙,这里指质朴。百般乖巧比不上质朴真诚。

百人百姓,各人各性

比喻每个人的性格脾气都不相同。

百日不休,万里易到

比喻坚持不懈地努力会取得好的成绩。

百岁光阴如过客

百年光阴如同一个匆匆的过客,转瞬即逝。指人生极其短暂,须加倍珍惜。

百样雀儿百样音,百个人儿百个性

指不同的鸟儿有不同的鸣音,不同的人有不同的个性。

败将不提当年勇

指失败者不炫耀当年的成功。比喻真正的英雄好汉不去炫耀过去的勇猛威武。

败子回头便作家

败子:败家子。作家:治家,当家。指败家子能悔过自新。也是可以当好家的。比喻败家子转变了,就能兴旺家业。

败子若收心,犹如鬼变人

败子:败家子。指败家子如果能够改邪归正,那简直等于死鬼变成了活人。比喻败家子改过自新是非常不容易的。

办事不用脑,本事大不了;办事多用脑,越办越灵巧

指办事要多动脑筋多思考,才会把事情办好。

半截身子入土

指人濒临死亡。

半句虚言,折尽平生之福

折:损失。指虽然只说半句谎言,也会丢掉一生的幸福。提醒大家不要说假话。

半熟的西瓜不好吃,虚假的话语不入心

指人们对于那些弄虚作假的人或事都十分反感。

绊人的桩,不一定高;咬人的狗,不一定叫

绊:挡住或缠住,使摔倒或使行走不方便。比喻坏人很善于掩饰。

宝贵的季节是秋天,宝贵的时代在青年

在一年之中秋天是最为宝贵的,在一生当中青年时代最值得珍惜。

宝剑锋从磨砺出,梅花香自苦寒来

磨砺:磨刀石。指宝剑的利刃出自磨石,梅花的清香来自严寒。比喻人的成就来自奋斗与刻苦。

宝剑折了不改钢,月亮缺了不改光

宝剑折断了也改变不了它的质地,月亮缺了也改变不了它的光辉。比喻优秀的人经受挫折,仍能保持他的本性。

宝器玩物,不可示于权豪;古剑名琴,常要藏之柜椟

椟:匣子。指珍贵宝物要珍藏好,不要让豪强知道,以免招致灾祸。

饱谷穗头往下垂,瘪谷穗头朝天锥

穗:稻麦等禾本科植物的花或果实在茎的顶端聚生成的条状物。比喻越有知识的人越谦虚,越是无知的人越骄傲自大。

饱暖生淫欲,饥寒生盗心

淫欲:指色欲。指人在吃饱穿暖之后就会产生骄奢淫逸的念头,在饥寒交迫时就会产生盗窃的念头。

饱时莫忘饥荒年,暖时别忘冷和寒

指吃饱穿暖的时候不能忘记饥饿和寒冷时所受到的苦楚。比喻生活富裕了也要注意节省,以备有难时受困。

饱时省一口,饿时得一斗

指能吃饱的时候节省一口,在饥饿的时候就会得到一斗。指要学会勤俭节约。

豹死留皮,人死留名

比喻人去世后应留下好的名声,就像豹死后留下美丽的豹皮那样。

背上背把尺,先量自己后量人

指如果要议论别人,首先要检查自己做得怎样。

本领小的骄傲大,学问深的意气平

骄傲:自以为了不起,看不起别人。意气:意志和气概。指本领小的人往往骄傲自大,真正有学问的人往往十分谦虚。

本事不是吹的

本事:本领。吹:吹嘘,说大话。指人的能力是实实在在的,不是吹嘘出来的。

笨鸟先飞

意谓能力不强的人,做事应比别人先行一步。

笨鸟先飞早入林,笨人勤学早入门

比喻能力差的人,如果行动比别人早,做事比别人勤快,取得成果就能比聪明人早。

笨人先起身,笨鸟早出林

笨拙的人要先动身,笨拙的鸟要早起飞。指勤能补拙。常用来表示自谦。

秕麦穗子翘得高,无知的人爱骄傲

秕:空的或不饱满的(子粒)。指果实不饱满的麦穗总是翘得很高,没有学问的人才会高傲自大。

笔杆无多重,无志拿不动

指心中没有大志向的人是不会写出好文章的。

笔勤能使手快,多练能使手巧

指熟能生巧,平时应多加练习。

闭门家里坐,祸从天上来

指关门闭户待在家里,灾祸却突然降临。比喻飞来横祸。比喻人生艰难,难预料啥时候会碰到麻烦。

蔽天之明者,云雾也;蔽人之明者,私欲也

蔽:遮住,挡住。指云雾可以遮住太阳的光辉,而贪图私利就会使人对事物看不清楚。

避色如避难,冷暖随时换

色:女色。躲避女色如同身避灾难,天气冷暖要随时增减衣服。指修身、养生之道。

变从懒上起,贪从懒上来

指人的蜕变、变质贪婪都源于懒惰,懒惰是人生的大敌。

遍地出黄金,就怕不用心

指致富的机会很多,人们常常都注意不到。

遍地是黄金,单等勤劳人

指致富的机会是留给那些勤苦劳动的人。

别被花言巧语哄倒,别被流言蜚语吓倒

花言巧语:指虚假而动听的话。流言蜚语:没有根据的话(多指背后议论、诬蔑或挑拨的话)。不要被虚假而动听的话所欺骗,也不要被没有根据的流言蜚语所吓倒。

别人夸,一枝花;自己夸,烂冬瓜

指别人的赞许还有一些价值,而自己夸耀便一文不值。

拨火棍长了不烧手,问题想远点不上当

指考虑问题时要把眼光放长远些,这样才不会使利益受损。

博学的人大话少,浅薄的人爱吵吵

指有知识的不会到处炫耀,知识贫乏的人喜欢吹嘘。

薄地怕穷汉,肥地怕懒汉

指只要努力、踏实肯干,人生环境再不好也能有所收获;再好的条件,个人不努力也会一事无成。

补漏趁晴天,未渴先掘井

房屋漏了要在晴天的时候补,在没有口渴的时候就要把井打好。也比喻事先做好准备。

补漏趁天晴，读书趁年轻

指年轻时要勤奋读书，错过了时间便难以弥补。

不吃苦中苦，难得惊人艺

指不通过艰苦勤奋的学习、工作，很难获得很高的成就。

不担三分险，难练一身胆

指不管想做成啥事都必须冒一定的危险。

不割心爱，不显诚意

指不拿出最喜欢的东西就不能表示出自己的真心实意。

不好烧的灶好冒烟，不听劝的人好发癫

好：前者是容易的意思。后两者指容易发生。癫：神经错乱。指遇事要听从别人的规劝就不会犯错误。

不经高山，不知平地

比喻没有经历过艰难和风险，就不会认清人的本来面目。也比喻不经受挫折就体会不到安定的生活来得不易。

不磨不难不成人

比喻不经过艰苦生活的磨炼就不能成为有成就的人。

不能正己，焉能化人

自己的言行不端正，怎么能去教化别人？指要想教育别人，必先严格要求自己。

不怕别人瞧不起，就怕自己不争气

指不怕别人蔑视自己，就怕自己为人、处事不争气。

不怕吃饭拣大碗，就怕干活爱偷懒

指不怕干活的人吃饭吃得多，只害怕干活的人偷懒，不好好干活。

不怕稠吃，单怕稀化

比喻即使有了积累也应该有计划地开支，不要零星随便地花费。

不怕倒运，全怕懒性

倒运：时运不顺，遇事不利。指人不怕运气不好，怕的是懒惰不干活。劝诫人们一定要振作精神，克服困难。

不怕路远，只怕志短

比喻只要有志气，再困难的事情也能办好。

不怕难，有难非难；害怕难，不难也难

指在碰到困难的时候要有足够的勇气，不惧怕它才能战胜它。

不怕难字当道，就怕懒字出窍

指做什么事情，都要勤苦，不应懒惰。

不怕念起，只怕觉迟

指人有私心杂念是难免的，但要及时醒悟，抛弃杂念。

不怕起点低，就怕不到底

指做啥事情都不怕底子差，就怕没有信心坚持到底。

不怕穷,就怕懒

指只要通过勤劳的工作就可以改变贫穷的生活。

不怕人穷,就怕志短

指不怕人贫穷,就怕人没有志气。比喻人只要有抱负、有志向,就能奋发图强,达到目标。

不怕人欺负,就怕不丈夫

只要顶天立地、胸怀坦荡,就不怕别人欺负。

不怕山高老虎恶,就怕没吃铁秤砣

指只要铁了心干,再大困难也能战胜。

不怕学问浅,就怕志气短

指学识短浅并不可怕,怕的是没有上进心。

不怕一万,只怕万一

指事情常常有偶然性,要防备想不到的情况发生。提醒人办事要小心谨慎,不能粗心大意。

不如意事常八九,可与人言无二三

指人生称心如意的事很少,可跟人谈的话不多。

不入虎穴,焉得虎子

指不进虎窝,如何能得到小虎崽儿呢?比喻不经历艰难险阻就不能获得成功。也比喻不冒危险深入实地,不会获得需要的东西。

不实心,不成事;不虚心,不知事

指人在办事时要虚心,要诚心实意,才能把事办好。

不是肥土不栽姜,不是好汉不出乡

指有胆识有抱负的男子会走出家门到外面去闯荡,谋求发展。

不熟的肉损坏肠胃,失信的话伤害朋友

指吃了不熟的肉就会对肠胃的功能造成损害,不讲信用就会伤害自己的朋友。

不思万丈深潭计,怎得骊龙颔下珠

骊龙:传说中的黑龙。颔:下巴。指不打算潜到万丈深渊里,哪能得到黑龙下巴底下那颗宝珠呢?比喻只有敢于冒危险,富有牺牲精神,才能最终获得成功。

不贪财,祸不来

指不贪图财物,就不容易招来祸事。

不图一时乱拍手,只求他日暗点头

指不要寻求一时的虚荣,要脚踏实地地做事,让别人从心里敬佩你。

不为物欲所惑,不为利害所移

物欲:得到某种物质利益的欲望。指既不受物质利益所诱惑,也不受个人利害关系的影响。比喻办事要出于公心。

不显山,不显水

指瞧不出来有山,也瞧不出来有水。比喻人的才能、钱物等没有显露出来,不被人注意。

不学蝴蝶花前逛,要学蜜蜂酿蜜忙

指做人要像蜜蜂一样勤勤恳恳,不要像蝴蝶一样只会做表面文章。

不学米筛千只眼,要学蜡烛一条心

指要像蜡烛一样,做什么事情都要专一;不要学米筛,到后来一无所成。

不学杨柳随风摆,要学青松立山冈

指人要有坚定的立场与是非观念。

不以成败论英雄

指不要以成功和失败作为标准,来评价英雄人物。换句话说,成功或失败不是判断英雄的标准。

不义之财不可贪

指不要贪图来路不正的财物。

不蒸馒头争口气

指人即使挨饿也要有骨气。

不知者不作罪

指不应怪罪因不知道情况而犯错误的人。

不走的路走三遭

指现在看来不会走的路,也许将来会走无数次。比喻思考问题要看得长远些。

不作狠心人,难得自了汉

自了汉:自己了却烦恼的人。指如果不能下狠心摒弃欲望,就不能摆脱世间的种种烦恼。

C

才高易狂,艺高易傲

狂:狂妄,自高自大。傲:傲慢。指本领超群的人容易狂妄,技艺高强的人容易傲慢。

才脱了阎王,又撞上小鬼

比喻刚逃脱一个灾难,又遇上另一个灾难。指灾难接踵而来。

财帛如蒿草,义气重千斤

指钱财如同草一样轻,但是义气却重似千斤。指要重义轻财。

财从细起,有从俭来

有:富裕。积累财富要从细小之处开始,富裕的生活是靠勤俭节约得来的。

财上分明大丈夫

比喻在钱财往来上行为正直的人才是真正的英雄。

沧海不能实漏卮

实:充实,装满。卮:盛酒的器皿。像大海一样多的水也不能装满有漏洞的酒器。比喻十分铺张浪费,即使收入再多也不能应付支出。

苍天不负有心人

负:辜负。有心人:有志气又善于思考的人。指命运不会让有恒心的人失望。

苍蝇不钻没缝儿的蛋

鸡蛋没有裂缝,苍蝇就不会来叮。意谓只要自身没有问题,别人就无法钻空子。

草鞋不打脚,脚打草鞋

指草鞋之所以不磨脚,是因为脚把草鞋磨破了。比喻遇事不要抱怨别人,应在自己身上寻找缘因。

草有茎,人有骨

人要有骨气,就像草要有韧茎一样才能生存得好。

草有灵芝木有椿,禽有鸾凤兽有麟

灵芝、椿(树)、鸾凤、(麒)麟:分别是草、木、禽、兽中的佼佼者。指在任何平凡的事物中都会有出类拔萃的佼佼者。用于鼓励人们奋发向上赶超众人。

草有香草毒草,人有好人坏人

指人有好的有坏的,就像草有香草毒草一样。

馋猫改不了吃腥,田鼠改不了打洞

比喻人的性格是改变不了的。

长存君子道,日久见人心

指长期保持高尚的情操,时间久了,人们就会有正确的评价。

常将有日思无日,莫待无时思有时

指有钱的时候要常想想没有钱的时候,不要等到没钱了再后悔。指时刻要牢记节约,不要浪费。

常听老人言,办事不作难

指老人具有丰富的阅历和经验,经常聆听老人的教诲,办事就会少走弯路。

常在山中走,哪怕虎狼凶

指经常在山中行走的人,就不怕凶恶的虎狼。比喻常处在危险环境中的人,即使遇到意外也不会惊惧失措。

炒豆大伙吃,炸锅一人担

意谓有好处大家分享,有问题一个人承担。

成大事者,不拘小节

比喻立志成就大事的人,不会在小事情上费工夫,消磨时光。

成大事者,不惜小费

指办大事的人,着眼于全局,不在乎小的损失。

成功无难事,只怕心不专

指专心致志地从事某一方面的工作,一定能克服困难,取得成就。

成绩不讲跑不了,缺点不讲改不掉

指有了成绩大家都能看到,用不着自己去说;自身的缺点,别人不批评指出就很难察觉和改正。

成家子,粪如宝;败家子,钱如草

指成家立业的人把粪土看成宝贝一样爱惜,败家子则把钱财看成野草一样浪费。

成人不自在,自在不成人

成人:有所作为的人。自在:自由自在,安逸舒适。指要想成为有所作为的人,就不能贪图安逸,必须付出艰辛劳动;舒舒服服、贪图享乐是成不了人才的。

成人容易做人难

成人:生长成人。指一个人长到成年是不难的,但真正成为一个有才有德的人是很难的。

成事不足,败事有余

指将事情办成功的能力不够,把事情弄糟的本事却不小。比喻有些人办不成事情,只会把事情搞坏。

成也萧何,败也萧何

萧何:汉高祖刘邦的丞相,曾辅佐刘邦夺取天下,并荐举韩信为大将军,刘邦统一天下后,萧何又设计为刘邦除掉韩信。韩信的成功与失败都是由萧何造成的。比喻事情的成败皆出于一人之手。也比喻事情成功靠此人,事情失败也由此人引起。

成则为王,败则为寇

指争夺江山,互相厮杀,胜利者称王称帝,失败者则被称为盗寇。旧时错误认为,争夺天下往往以成败论英雄,无真理可言。

诚可惊神,孝能感天

指真诚可以震撼神仙,孝心可以感动上天。指真诚与孝心是最令人感动的。

诚无垢,思无辱

垢:指污点,不光彩的事情。真诚待人自身就会清白,做事多考虑就不会受到耻辱。

诚心能叫石头落泪,实意能叫枯木发芽

指诚心实意可以让石头落泪,枯木发芽。指只要真心实意就不会有办不成的事。

诚招天下客,誉从信中来

真诚可以招来很多顾客,信用能够带来好的声誉。指在经商中诚信是最重要的。

诚之所至,金石为开

指真诚所到之处,就连没有情感、坚固不化的金石也会为之洞开的。指真诚令人感动。

吃别人嚼过的馍没味道

比喻做事情假如用别人已使用过的办法去做,就没啥意义,不如另辟蹊径。

吃不了,兜着走

东西吃不完就装在兜里带走。意谓出了问题,要承担一切后果。

吃不穷,穿不穷,打算不到就受穷

指过生活要精打细算,谋划不周,就会受穷困。

吃得苦中苦,方为人上人

指只有经得住艰苦磨难,才能得到高出一般人的地位。比喻只有经过艰苦磨炼,在事业上取得成功,才能出人头地。

吃得亏的是好人

指待人宽宏大量,不计较个人得失的人才能称得上好人。

吃的轻担的重

意谓事情无论轻重都能承担责任。

吃的是盐和米,讲的是情和理

比喻人吃盐与米,不同于动物,对事应讲情理。

吃饭不在乎一口,打人不在乎一扭

吃饭时多吃一口少吃一口无所谓,打架时被人扭了一下也没什么。指一些无关紧要的事,不用计较。

吃饭吃饱,做事做了

指做事情要完善,不要半途撒手。

吃惯了嘴,跑惯了腿

意谓贪吃贪玩一旦成了习惯,就会不由自主。

吃黑饭,护漆柱

黑饭、漆柱,色俱黑。比喻人不明事理,心眼黑。

吃鸡蛋不吃鸡母

鸡母:母鸡。只可以吃鸡蛋,不能吃下蛋的母鸡。比喻只能花利息,不能动用本钱。

吃酒图醉,放债图利

指喝酒图的是醉酒畅快,放债图的是赢利润。指做任何事情都有目标。

吃亏人常在

意谓愿意吃亏的人可一直站得住脚,或心地宽广的人可以长寿。

吃了不疼糟蹋疼

指食物吃了不算浪费,而糟蹋了就让人心疼。

吃了五谷想六谷,做了皇帝想登仙

意谓人的欲望是永远不满足的。

吃请对门谢隔壁

比喻报答错了人。

吃三年薄粥,买一头黄牛

指平常多节省,日子久就可以积累一大笔钱。

吃虱留大腿

虱子很小,吃它时还要留出它的大腿来。意谓人十分小气。

吃水豆腐都有被噎的时候

比喻做任何事情都会遇到难处和阻碍。

吃腥的猫儿修不成老道

比喻摆脱不了世俗偏见的人成不了大事。

吃一回亏,学一回乖

学乖:指吸取教训。指吃亏上当后可以得到教训。比喻遭受过一次挫折,就能接受一次经验教训。

吃一节，剥一节

意谓拖过一天算一天。

吃一堑，长一智

堑：隔断交通的沟壕，指挫折失败。指遇到一次挫折，就可以增长一次智慧。比喻遭受一次挫折，吸取了经验教训就能增加一次见识。

吃着碗里，看着锅里

嘴里吃着碗中的东西，眼睛却盯着锅子里的东西。意谓人贪心不足。

痴人自有痴福

指傻人有傻人的福气。比喻愚蠢呆笨的人常常有福气。

虫蛀木断，水滴石穿

指虫子一口一口地咬，能咬断木头；水一滴一滴地滴，可以滴穿石头。比喻做事只要持之以恒，就会见成效。

丑人多作怪

比喻面貌丑陋的人偏偏要出头露脸，或并无能力的人到处卖弄。

出的牛马力，吃的猪狗食

形容穷人的生活极为困苦艰难。

出家人不打诳语

诳语：欺骗人的话。出家人超凡脱俗，是不讲哄骗人的话的。

出笼鸟儿收不回

比喻和人约定好的事情，是不会更改的。

出马一条枪

意谓人生性耿直。

初生牛犊不怕虎

指刚出生的小牛没见过老虎，不知其凶恶，碰到它也不知害怕。比喻初入社会的年轻人敢想敢干，勇敢无畏。

初生之犊猛于虎

刚出生的小牛比老虎还勇猛。意谓年轻人朝气蓬勃，精力旺盛。

初学三年天下敢去，再学三年寸步难移

比喻刚刚学会技艺的人，往往自以为了不起，哪里都敢闯；技艺精湛后，才知道还有许多要学习的，反而会处处谨慎。

除了灵山别有佛

除了灵山，其他地方也有佛。意谓除了此地或此办法，还有其他地方或其他办法。

处贫贱易，耐富贵难

比喻人处在贫困时能忍受苦难，保持节操；一旦富贵舒闲，便难以保持节操。

川壅则溃，月盈则匡

壅：堵塞。盈：满。匡：亏。指河流堵塞就会决堤，月亮圆了就会变亏。比喻人若自满必招致失败。

穿不穷,吃不穷,算盘不到一世穷

指不会算计着过生活就会一世贫穷。比喻穿不会穿穷,吃不会吃穷,不会谋算会一辈子贫困。提醒人们,过日子要有谋划,合理安排使用钱财,防止挥霍,能杜绝贫困。

穿衣戴帽,各有所好

指人的性格各异,爱好也不同。

船的力量在帆上,人的力量在心上

指船行驶的力量在于船帆与船桨,而人前进的动力在于思想。

船怕没舵,人怕没志

船没有舵就失去了控制,人没有志向就失去了前进的动力。

船通水,人通理

指船有水才能行走,人有理才能安身。

床头千贯,不如日进分文

指存钱再多,也经不起花,不如每天都有一些收入。

创业百年,败家一天

指创业极其艰难,需要长期的勤苦劳动;败家却很容易,随便浪费就能毁于一旦。比喻创业极为艰辛,而毁业十分容易。

创业容易守业难

指保存、发展事业比创建事业更难。

吹牛容易实干难

指唱高调、说大话容易,要真正实干就非常艰难,要干得好就更难。

春风不入驴耳

春风虽然温暖随和,也不会吹进驴的耳朵。比喻愚笨的人是听不进良言的。

从来好事多风险,自古瓜儿苦后甜

指任何一件好事都要经历很多磨难才能成功。

从来玩物多丧志,不是人迷是自迷

自古以来耽于物质享受的人最终会丧失自己的志向,丧志的根源在于自身,不在于别人。

从小儿定八十

指从童年的表现就可判断出老年时的情形。比喻从幼小时观其表现,就能知道长大后会什么样。

聪明反被聪明误

误:耽误,妨害。指聪明人认为自己聪明,结果反而让自己受到损害。也指聪明人自恃聪明,往往不听他人的劝告,反而被聪明耽误了。

聪明容易犯傻难

聪明:这里指耍小聪明。傻:这里指实干、苦干。投机钻营、耍小心眼容易做到,踏踏实实、辛苦劳作地干活却难做到。

聪明一世，糊涂一时

指一向聪明的人，也有糊涂的时候。

聪明一世，懵懂一时

懵懂：糊涂，不明事理。指再聪明的人也有迷糊的时候。

寸金难买寸光阴

指一寸见方的黄金也难买回日影移动一寸的时间。也指时间宝贵，流失后无法挽回。

搓绳不能松劲，前进不能停顿

指前进如同搓麻绳一样不能停顿，要坚持不懈地干下去。

错误不隐瞒，责任不推诿

指要敢于承认自己的错误，承担自己的责任。

D

打柴总得先探路

比喻做啥事都要先了解情况。

打倒不如就倒

指与其被打倒，不如顺势倒下。比喻做事要顺应形势发展。

打狗就不怕狗咬，杀猪就不怕猪叫

比喻要控制对方，就不怕对方反抗。

打狗要用擒虎力

说明做很小的事也要尽心尽力。

打虎还防虎伤人

比喻在打击凶残的敌人的同时，要防备敌人对自己的还击。

打虎要力，捉猴要智

指办不同的事情要用不同的方法。

打架不能劝一边，看人不能看一面

比喻看待问题或处理事情要全面，周到。

打墙板儿翻上下，扫米却做管仓人

比喻人的命运变化莫测。

打蛇不死，反受其害

比喻除害不彻底干净，给自己留下祸患。也比喻要么不做，要做就做到底。

大吃大喝顾眼前，省吃俭用度灾荒

告诫人们要节俭度日。

大处着眼，小处入手

指做事要从全局考虑，从细微处开始。

大胆天下去得，小心寸步难行

指有胆量和魄力的人一往无前，胆小谨慎的人则一事无成。比喻胆大的人奔南闯北，四海为家；胆小怕事的人，则守着家门寸步难离。

大风吹不走月亮

比喻困难吓不坏毅力坚定的人。

大富由命,小富由勤

旧指大富贵靠的是命运,而小富贵靠的是勤劳。

大官不要钱,不如早归田,小官不索钱,儿女无姻缘

归田:弃官回家种地。无姻缘:找不到婚姻对象。指无论大官小官无不贪财受贿。

大海不嫌水多,大山不嫌树多

比喻有志向的人永远不会满足于已有的学问。

大海有鱼千万担,不撒渔网打不到鱼

指任何事情的成功,都要经过艰苦的努力。

大俭以后,必生奢男

指过于节省以至吝啬的人,其后代生活必定挥霍。

大匠无弃材

技艺高超的匠人手中是没有废料的。意谓善于利用材料或善于用人。

大街上走着贞节女

指女子只要行为端庄,就不怕别人说三道四。

大路生在嘴边

不认识路,只要张嘴问就行。也指依靠嘴巴谋生。

大难不死,必有后程

指患难中的幸存者,今后一定会有前途。比喻在困境中摆脱艰难,化险为夷,将来必定有享福之日。

大难不死,必有后福

旧时认为一个人如果大难临头还能活下来,日后必有大福降临。

大人不记小人过

指胸怀宽广的人,不会追究小人物的过失。

大人肚里道道儿多

指成年人思想复杂,主意多。

大事不糊涂,小事不纠缠

对大事要保持清醒明白,对小事不要纠缠。

大水不到先垒坝,疾病没来早预防

指事情发生前就要作好防范,这样才可以轻松对付。

大意失荆州

比喻麻痹大意,会造成不可挽回的损失。

大有大难,小有小难

指家业大有大的困难,小家庭有小的困难。比喻各有各的困难,大家都不好过。

大丈夫见义勇为

指有志气的男子看到正义的事情就会奋力去做。

大丈夫流血不流泪

比喻有志气的男儿宁肯流血牺牲,也决不伤心流泪。

大丈夫能屈能伸

指真正的英雄身处逆境时能够忍受屈辱,在顺境时则能施展抱负。

大丈夫宁折不弯

比喻有作为的男子汉宁肯牺牲生命,决不受污辱。

大丈夫相机而动

相机:察看时机。指做大事的人总是要看具体情况采取相应的行动。

大丈夫一人做事一人当

指有志气的人做事勇于承担责任,不牵累别人。

带着铃铛去做贼

比喻不加避忌,导致暴露自己目标的愚昧行动。

耽迟不耽错

指做事宁可因多占用了时间而承担责任,也不要为了争取时间而出现错误。

胆大的漂洋过海,胆小的寸步难行

说明胆子大才能办成大事。

但行好事,莫问前程

指劝人多作有利于人的好事,不要顾及个人的利害得失。

当取不取,过后莫悔

意指该得到的东西要及时得到,以免过后后悔。

当着矬人,不说短话

在当着个子矮小的人,不要说他的短处。指说话要看场所,避免无意中伤害了别人。

刀越磨越利,脑越用越灵

脑子越用越灵活,就像刀子越用越快一样。

到了山里再砍柴,到了河边再脱鞋

比喻时机不成熟,不可盲目行事。

得低头时且低头

指与人相处时,该忍让时要忍让。

得理不饶人

指有理就不宽恕别人。

得理让三分

指做人要宽容,即使有理也要适当宽恕对方。

得利不可再往,得意不可再往

指牟利不可贪心不足,要适可而止。

得趣便抽身

感到满意的事要适时罢手,见好就收。

得意之事,不可再做;得便宜处,不可再往

指人不可贪得无厌,而要适可而止。

得智慧胜过得金子

说明获得智慧比得到金子更可贵。

登高必跌重

比喻名声越响,失败就越惨重。也比喻贪图权势地位的人职位越高,失利时付出的代价就越惨重。

定数难逃

旧时迷信观念认为命里注定的灾难不可能逃脱。

东河里没水西河里走

指问题总有解决的办法。

东隅已逝,桑榆非晚

东隅:东方日出处,借指早晨或青年时期。

动了太岁头上土,无灾也有祸

比喻侵犯了有地位的人会遭受祸患。

冻死不烤灯头火,饿死不吃猫剩食

宁可冻死也不在灯火上取暖,宁可饿死也不吃猫吃剩下的食物。意谓宁死也不愿接受屈辱的施舍。

冻死迎风站,饿死不弯腰

比喻人在困境中坚贞不屈。

多年为老娘,错剪脐带

老娘:接生婆。比喻有丰富经验的人,一不小心也会出错。

E

恶不可积,过不可长

积:积累。过:过错。指要随时清除自己的恶习,不能让它积累起来;要及时改正自己的错误,不能让它增长起来。

恶狗怕揍,恶人怕斗

比喻对欺软怕硬的恶人要敢于作斗争。

恶子忤逆不如犬

忤逆:不孝顺。指不孝顺的儿子不如狗。

饿得死懒汉,饿不死穷汉

懒汉能饿死,穷汉饿不死。指人只要辛勤劳动,就会有生活出路。

饿死胆小的,撑死胆大的

指胆小的人啥也不敢做,只能挨饿受穷;胆大的勇于冒风险,能办成大事。

饿死事小,失节事大

旧时认为女子宁可饿死,也不能失去贞节。今多指宁可死去也不能丧失气节。

儿女情长，英雄气短

比喻男女间的私情消耗了英雄人物的志气与气魄。

儿要自养，谷要自种

指自己抚养大的儿子才亲，自己栽种的粮食吃起来才香。比喻自己的事情要靠自己来处理，不要依赖别人。

儿作的儿当，爷作的爷当

指儿子做的事由儿子承担，父亲做的事由父亲承担。比喻谁做的事情，就应当由谁来承担责任。

二十年的媳妇熬成婆，百年的道路熬成河

比喻人经历了多年磨难，终于出头。也比喻人们历经艰辛之后，终于有了出头的日子。

二则二，一则一

二就是二，一就是一。比喻说话办事实事求是。

F

凡事不可造次，凡人不可轻视

造次：鲁莽，轻率。指做事不要粗鲁，对人不可轻傲。

凡事要好，须问三老

三老：指有经验、有德行的长者。指要想把事办好，就要多请教经验丰富、有德行高尚的人。

凡事有个先来后到

做事要按先后次序进行。

凡事只因忙里错

指做事匆匆忙忙就容易出现错误。

饭得一口一口地吃，路得一步一步地走

比喻事情只能循序渐进一件一件地办，不能操之过急。

饭来张口，茶来伸手

指饭拿来了就张嘴吃，水送来了就伸手接。比喻人懒惰，坐享其成。

饭要一口一口吃，事情得一件一件做

意谓做事情只能一件一件地做，不能急于求成。

方木头不滚，圆木头不稳

指方的木头放着平稳但不易滚动，圆的木头易滚动却放不平稳。比喻什么事情都不可能完美无缺。

芳槿无终日，贞松耐岁寒

芳槿：木槿花，早上开花，下午就凋谢了。不要像美丽的木槿花那样朝开暮落，而要像坚贞的松树那样经得起严寒的考验。

放松一步，倒退千里

指人每时每刻都不能放松，一旦松懈就会迅速后退。

飞的不高，跌的不重

比喻对名利地位的追求或谋取高位与钱财应有节制，以免招致重大的灾祸。

非理之财莫取，非理之事莫为

比喻不合理义的钱财不要去拿，违背理义的事情不能去做。

愤兵难敌，死将难当

当：阻挡；抵挡。愤怒的士兵难以对付，不怕死的将军难以抵挡。比喻奋不顾身的人英勇无比难以抵挡。

丰年要当歉年过，有粮常想无粮时

指生活富足时，过日子也要精打细算，勤快节省。

风吹云动星不动，水流船行岸不移

比喻有坚定信念的人能经得起任何挫折和考验，永不动摇。

风来要顶着走，雨来要快步行

比喻遇到困难要勇往直前，勇敢与困难作斗争。

风流自古多魔障

魔障：佛教用语，恶魔所设的障碍。指有才能的人，风流倜傥，自古到今多经受磨难。

风无常顾，兵无常胜

比喻人生遇事不可能一直顺利。也比喻事情不可能都一帆风顺，或者永远没有挫折。

逢恶不怕，逢善不欺

指不害怕恶人，不欺侮弱小。指人要正直、富有同情心。

凤凰不入乌鸦巢

指凤凰不会飞到乌鸦的巢穴中。比喻品行端正的人是不会去行为低劣者聚集的地方的。

佛在心头坐，酒肉腑肠过

心中牢记佛祖的教诲，照样可以喝酒吃肉。指修行重在修心，不必严守清规戒律。

佛争一炉香，人争一口气

指佛要争享一炉香火，人活着是为了争口气。比喻人一定要有志向，要自强不息。

福无双至，祸不单行

指好运不会双双到来，灾祸却不止一次地降临。

福与祸为邻

指福气和祸患是邻居。也指福中潜伏着祸，祸中蕴藏着福，随时随地相互变化。

福至心灵，祸至心晦

指福运来时，人会心情舒畅，思路敏捷；灾祸降临，人会心昏意乱，神志不清。比喻福、祸对人的智力影响很大。

覆盆不照太阳晖

指倒扣放的盆子里照不到太阳的光芒。比喻多年冤屈没法得到昭雪。也比喻身陷囹圄,得不到光明。

G

干屎抹不到人身上

抹:涂抹。比喻只要行得正、做得端,就不怕别人中伤诬陷。

赶路怕脚懒,学习怕自满

指想要加快行动的步伐就不能懒散,想要学到真本事,就不能满足于已有的成绩。

敢作敢当,才是英雄好汉

比喻英雄好汉既然敢做敢闯,就应敢于承担责任。

高明不发怒,勇士不鲁莽

指有见解、有技能的人遇事不生气、不发火,有胆量、有智谋的人做事总是考虑再三。

个人事小,国家事大

指国家利益永远高于一切,个人利益应该服从国家利益。

各人害病各人吃药

指自己生病要自己请医生吃药。比喻自己做错了事情,要靠自己反省改正。

各人做事各人当

比喻每个人都应当对自己的所作所为承担责任。

根要深,人要真

指为人最重要的是真诚,不能够弄虚作假。

根子不正秧必歪

指本质不好必然修养不成正派的人。也指上一代人作风不好,必然会影响下一代人。比喻想法有问题,行为就肯定不正确。

弓硬弦长断,人强祸必随

长:这里是经常的意思。指弓如果太硬,弦就容易折断;人的性格如果太偏激,爱逞强,也就必然遭受灾祸。

公道自在人心

公道:公正的道理。指事物在众人心里总会有一个正当的评价。

公而忘私,舍己为人

指为了公共的利益而忘记了自己的私利,为了他人的利益而舍弃了自己的利益。

公鸡总是在自己的粪堆上称雄

比喻鼠目寸光没有远大理想。

公人见票,牲口见料

公人:旧时指差役。指旧时差役见钱眼开,就像牲畜见到饲料一样贪婪。

公修公德，婆修婆德，不修不得

指谁能苦练修行，谁就能得到善果；不能吃苦修行的人，将啥都得不到。

功不成，名不就

指功名一无所有。

功到自然成

指决心下工夫，事情就必然会成功。

功夫不负有心人

有心人：有志向又善于动脑筋的人。指只要矢志不渝、勤学苦练，就一定会取得成功。

功名是身外之物

身外之物：身体以外的东西。指功名不是很重要的东西。提醒人不要热心功名。

恭可平人怒，让能息人争

恭：恭敬。指恭敬可以消除对方的怒气，谦让能够平息人与人的纷争。

狗不咬上门客

指狗都不咬上门的客人，人对客人招待更应该礼貌恭敬。

狗怕弯腰狼怕站

指狗怕人弯腰捡石头打它，狼却怕人站立与之对峙。

狗是忠臣，猫是奸臣

指狗忠实主人，家里再贫穷也不肯离去，猫嘴馋，什么地方有好的食物就到什么地方去。

狗无廉耻，一棍打死；人无廉耻，无法可治

指人到了毫无廉耻的地步，也就无药可救了。

关住门耍拳

比喻不敢在人面前说明自己的见解，却在背后大放议论。

官不修衙，客不修店

衙：衙门。旧社会官员办公的机关。比喻混天度日，不做长远打算。

官土打官墙

指公家的东西要用在公共的事业上，不能挪为私用。

惯骑马的惯跌跤，河里淹死会水的

惯：经常。从马上摔下来的人大多数是经常骑马的，河里淹死的人往往是会游泳的。指有能力的人往往会由于粗心大意而发生事故。

惯偷惯偷，贼性难丢

惯：习以为常，积久成性。指经常偷东西的人，贼性难改，到哪儿都要偷。

惯贼行窃，无所不偷

指经常做贼的人，看到东西就想偷。

光阴似箭，日月如梭

形容时间过得很快。

光阴似箭催人老,日月如梭赶少年

梭:织布时牵引纬线(横线)的工具,两头尖中间粗,形状像枣核。时间飞逝如同射出去的箭,日月转换如同织布时的梭子,不知不觉中,人已不再年轻。指时光流逝得很快,要好好珍惜。

鬼门上占卦

占卦:按卦象推断吉凶。比喻匆忙做事,毫无结果。

国家多难之秋,壮士用命之时

壮士:豪壮而勇敢的人。指在国家多灾多难之时每个有志气的人都应挺身而出,勇于为国献身。

国家兴亡,匹夫有责

匹夫:古代指平民中的男子,后泛指一般老百姓。指国家的兴亡盛衰,每个人都有责任。

过后才知事前错,老来方觉少时非

事情过后才认识到以前自己的错误,年老了才看清年少时的不对。

过去未来,不如现在

指正确对待现实是最重要的。

H

蛤蟆、蝎子、屎壳郎,各人觉着各人强

屎壳郎:即蜣螂,一种昆虫,吃动物的尸体和粪尿。比喻自以为是,自高自大。

孩子是自己的好,老婆是人家的好

指男人对孩子的关爱自会始终不变,但对妻子的爱却可能会变心。

害人之心不可有,防人之心不可无

不能存有害人的心,但不能没有提防别人害自己的心。

憨人有憨福

比喻老实憨厚的人自有他的福气。

寒天不冻勤织女,饥荒不饿苦耕人

指只要辛勤劳动就不会挨饿受冻。

好吃屎的闻见屁也香

好:喜爱。比喻对丑恶事物喜爱的人,时刻不忘了对丑恶事物的追寻。

好狗不和鸡斗,好男不和女斗

好汉不和女人一般见识,不屑于和女人争斗。

好汉不打告饶人

指要有包容之心,要宽恕那些已经认错的人。

好汉不记仇

指英雄豪杰宽宏大量,不和平常人计较。

好汉不怕死,怕死非好汉

英雄好汉勇于牺牲,视死如归,懦夫才会贪生怕死。

好汉不贪色，英雄不贪财

指英雄好汉不会被金钱和美色所诱惑。

好汉识好汉，英雄识英雄

识：认识，了解。只有英雄才能真正地了解英雄。

好汉争气，赖汉争食

指好汉在功名事业上奋斗，庸人在衣食小事上争执。

好汉子不咽脱口的唾沫

指好汉不收回说出去的话，最讲信用。

好汉做事做到头，好马登程跑到头

指好汉做事情一定会坚持到最后，不会半途终止。

好马不备双鞍，烈女不更二夫

旧时认为贤德的女子只能从一到老，如同好马只配备一个鞍。

好马不吃回头草，好汉不买后悔药

比喻有志气的人勇往直前，从不后退，从不后悔。

好马不停蹄，好牛不停犁

指好马不停地跑，好牛不停地耕地。比喻品德高尚的人为人类、为理想永远不停地奋斗。

好马看的是腿劲，好小伙子看的是心劲

好马奔驰千里靠的是腿，好青年干事业靠的是志气。

好猫儿，不吃鸡；好男儿，不欺妻

指男儿胸怀开阔，不在妻子面前逞凶。也指不欺侮弱小。

好男不吃婚时饭，好女不穿嫁时衣

指有志向的人自力更生，不会依赖父母。

好男儿志在四方

指有作为的男人应该胸襟开阔，理想远大。

好人不常恼，恼了不得了

恼：生气，发怒。指好人轻易不发火，发火了就无所畏惧。

好人说不坏，好酒搅不酸

好人：指思想行为正派的人。好酒：指美酒，名酒。指好人就是好人，任闲言碎语，妄加污辱也成不了坏人，就像美酒再乱搅也搅不成酸酒一样。比喻风言风语影响不了正直人。劝慰人们，对一些不负责任的胡言乱语，不必介意，可泰然处之。

好死不如癞活

指好好地死去，不如窝囊地活着。

好鞋不踩臭狗屎

指做人应该躲避不良环境，避免影响自己。

好雁总是领头飞，好马总是先出列

比喻有作为的人遇事总是冲在前面，敢于承担责任。

喝水要喝长流水

指长流水干净，常喝有益身体健康。比喻过日子要精心算计，才能幸福长远。

和气不蚀本

蚀本：赔本。指做生意态度和蔼，待人有礼貌，就不会亏本。也泛指为人处世和气有礼貌总会有好处。

和气致祥，乖气致戾

致：招致，导致。乖：不和气，无理。戾：灾难，祸患。指待人温和就会吉祥平安，待人蛮横就会招致灾祸。

和颜悦色买人心

指待人态度和蔼，就能获得别人的帮助和支持。

黑馍多包菜，丑人多作怪

指粗面馒头不配上菜，就很难吃下去；丑陋的人往往装扮姿态，来掩饰自己的丑陋。

黑墨落在白纸上，钉子砸在木头里

比喻约定好的事情是不能反悔的。

黑泥染不了白藕心

指思想纯净的人不会受到环境的污染。

狐狸发了言，公鸡打算盘

比喻坏人刚想行动，好人就必须及早做好防备。

虎瘦雄心在

比喻有远大抱负的人，虽境遇坎坷或年老体弱，但也不放弃努力。

花落花开自有时

指每种花的绽放和凋落都有本身的时间。旧时比喻每个人运气的好坏自有定数。比喻人的运气好坏都是命中注定的。这是宿命论者的观点。

花有重开日，人无再少年

指鲜花凋谢后，来年还有再开花的时候，而人年老以后，却不可能再变得年轻。比喻青春只有一次，要珍惜时间，不可荒废了大好年华。

花枝叶下犹藏刺，人心怎保不怀毒

指人心难揣摸，要随时防备那些表面和气却心藏邪恶的人。

话不可说尽，事不可做绝

指说话做事都要留有余地，不可把事情做绝。

话到嘴边留三分，事要三思而后行

指说话要保留余地，做事要考虑周到后再去做。

话想三道，稳；绳捆三道，紧

指说话之前深思熟虑，就不会失言，如同捆绳子多捆几道就会很紧。

欢娱嫌夜短，寂寞恨更长

更：古时夜里计时单位，一夜为五更，每更约两小时。指欢乐时总嫌夜里时间太短，愁苦时却恨夜里的五更太长了。比喻一个人在欢乐和愁苦时，具有两种不同的心理状态。

黄河尚有澄清日,岂可人无得意时

指黄河的水还有清澈的一天,好人就没有得到好运气的时候?比喻人总会有遇到好运气的时候。

黄金未为贵,安乐值钱多

意谓安定快乐的生活比钱财上的富有更有价值。

黄金要纯靠烈火,钢刀锋利要勤磨

比喻只要不断地拼搏奋斗就能取得成功。

黄金有价,信誉无价

指人的信用和名誉比黄金还珍贵。

黄金有价人无价

指人比黄金宝贵。比喻黄金有价格,可以交易而人则是不能用价格来衡量的。说明人是最宝贵的,不是用金钱能办得到的。

黄连树根盘根,穷苦人心连心

比喻穷人的心紧紧相连,就像黄连树的根一样,紧紧地盘绕在一起。

黄梅不落青梅落,老天偏害没儿人

比喻由于各种情况,有时年轻人反而会比老年人死得早。

黄鼠狼偏挑病鸭儿咬

比喻不幸的事总发生在遭遇不好的人身上。也比喻坏人专找最弱势的地方下手。也就是说,祸患与不幸有时偏偏会落到弱者身上。

悔前容易悔后难

指事情过后再后悔也无济于事。

火烧芭蕉心不死

比喻不甘心不服输。

火要空心,人要实心

火心要虚,火才烧得旺;人心要实,人才容易相处。

祸不入慎家之门

灾难不会走入处处小心的人家。指为人谦和慎重可以避免祸患。

惑者知返,迷道不远

指迷路的人及时返回,迷失的路就不会太长。比喻有了错误的人知道改邪归正,不会再出大错。也比喻如果一个人犯了错误,能够及时反省,改正起来就容易,也不会造成太大的恶果。

J

饥不饥拿干粮,冷不冷带衣裳

出门人无论饥不饥都应该带上干粮,无论冷不冷都应该带足衣裳。指凡事应早做准备,有备才能无患。

机不密，祸先招

指机密事泄露出去，就会招来祸患。换句话说，凡是机密这等大事要保守秘密，否则就会在事情未成之前，反而先招来祸患。

鸡毛飞上天

指鸡毛飞上了天。比喻本来不可能办到的事却成功地办好了。也比喻奇迹能够出现。

积善逢善，积恶逢恶

比喻多做善事会得到好的结果，多做坏事定会有不好的结果。

积善人家，必有余福

意谓长期积德行善的人家，子孙后代就会享受祖上的福荫。

吉人自有天相

善良的人自然会受到上天的保佑。比喻人有好运气，遇到危险情况也能相安无事。

急风暴雨，不入寡妇之门

即使遇上狂风暴雨也不能进寡妇的家避雨。指做事要注意别人的流言蜚语。

疾风知劲草，板荡识忠臣

板荡：《诗·大雅》里有《板》和《荡》二篇，都是咏周厉王的无道，后用来指政局混乱社会动荡。只有在猛烈的大风中，才能识辨哪些草是坚韧有力的；只有在动荡不安的年代，才能看出谁是真正的忠臣。比喻在十分恶劣的条件下才能考验出一个人的意志和品质。

计毒无过断粮

指没有比断绝粮草更恶毒的计谋了。比喻最恶毒的计策，不过于断绝别人的粮草。

既当婊子，又立牌坊

婊子：妓女。牌坊：旧时用以表彰忠孝节义人物而建造的像牌楼一样的建筑物。比喻既想做丑事，又希图获取好名声。讥讽某些人既干了坏事，还想得到好名声。

既敢挠熊毛，当然不怕咬

比喻既然能冒险做事，就能承担它的后果。

家丑不可外扬

指家里的丑事不可让外面的人知晓。比喻内部的丑事要内部自己解决，不可向外宣扬。

家贫显孝子，国难识忠臣

指家境贫困时才能看出谁是最孝顺的儿女，国家危难时才能考验谁是朝廷的忠臣。也泛指在主要时候才能看出一个人的品质好坏。

见鞍思马，睹物思人

见到离去的人所留之物而引发起对他的怀念。

见官三分灾

指遇到官吏就会有麻烦的事到来。

见人不是，百恶之根；见己不是，百善之门

总是挑别人毛病的人，品质也不会好，能发现自己缺点的人，才会不断进步。

见人之过，得己之过

指看见别人的过错，就能发现自己身上相似的毛病。

江湖越老越寒心

指人的阅历越多，对世事和人性越感到失望和痛心。

江山易改，禀性难移

禀性：本性。指山河的面貌可以变化，而一个人的本性却很难改变。

将心比心，强如佛心

处处为别人着想，是一种美德。

骄傲，蹲在门槛；谦虚，走遍天下

骄傲的人往往寸步难行，什么事也办不成；谦虚的人受人尊敬，人人欢迎。

骄傲来自浅薄，狂妄来自无知

指人骄横轻狂是由于见识短，修养低。

骄兵必败

指恃强轻敌的军队必然失败。比喻骄傲自满、轻视工作的人必定无成果。

骄者愚，愚者骄

指愚蠢没见识的人，才会骄傲自满。

脚上的泡，自己走的；身上的疮，自己惹的

比喻自作自受，无须埋怨别人。

教奢易，教俭难

指教人学会挥霍很容易；教人学会节省则很难。

节约好比燕衔泥，浪费好比河决堤

节约就像燕子衔泥一样，一点一滴；浪费就像河水决堤一样，一泻千里，很快就挥霍干净。

金银难买勤手脚

手脚勤快是金钱买不来的。指勤劳难能可贵。

尽得忠来难尽孝

要献身国家就不能守在家里侍候父母尽孝，指尽忠尽孝两件事不能同时做到。

尽听拉拉蛄叫，就别种庄稼了

拉拉蛄：即蝼蛄，昆虫，昼伏夜出，吃农作物嫩茎。指做事要自作主张，不要听别人的闲话。

经霜的甘蔗分外甜

比喻人经过艰苦环境的磨砺，生活会更美好，感情会更真挚。

惊弓之鸟，夜不投林

受过弓箭惊吓的鸟，即使飞进树林也不敢停下来栖息。比喻受过惊吓的人往往心有余悸。

静坐常思己过，闲谈莫论人非

过：过错。非：错误。指要经常检点自己的过失，不要总是凭论别人的不是。

久病无孝子

卧病时间长了，亲生儿女也不会一直耐心伺候。

久赌无胜家

指赌场上没有永远的赢家。比喻常做冒险的事，免不了失败。也比喻长期干冒险的事，存侥幸心理，最后总会失败。

酒多人醉，书多人贤

指喝酒多的人常醉，读书多的人往往修养高。指人不应该只图物质享受，而应提高思想品位。

酒要少喝，事要多知

告诫人们要少喝酒、多理事。

救寒莫如重裘，止谤莫如修身

裘：毛在外的皮衣。止：防止。谤：诽谤。指防备寒冷的最好办法是穿厚厚的皮衣，防止别人议论自己的最好办法是加强自身修养。

救火须救灭，救人须救彻

指救人要一救到底，就像救火要救到火星完全熄灭为止。

居移气，养移体

指地位改变气度，供养改变体质。比喻人随着职位待遇的改变而变化。

拘小节者，不能立大事

比喻对细枝末节问题看得很重的人，办不成大事。

聚少成多，滴水成河

指平时要注意节俭积累。

倦鸟知还

比喻长在外边游荡的人想返回故乡。

君子爱财，取之有道

意谓品行端正的人通过正当途径取得钱财。

君子不吃无名之食

指高尚的人不吃没有搞清楚的饭食。也指君子不占有来路不明的钱财。

君子不欺暗室

暗室：幽暗隐蔽、无人的地方。指道德高尚的人不在暗地里做亏心事。

君子防患于未然

指君子在事情未发生之前就可预知，时刻防范可能发生的祸患。

君子记恩不记仇

意谓品行高尚的人只记得别人的恩情而不把冤仇记在心里。

君子问灾不问福

通常指算命时人们要问的是有没有灾难，而不问是否有福运。

君子一言，驷马难追

驷：同驾一辆车的四匹马。大丈夫一言既出，如同着鞭的快马一样，不能收回来。

K

开水不响，响水不开

比喻真正有才学的人不会夸耀自己，到处吹嘘自己的人常常没有真实的学问。

砍了头不过碗大的疤

指即使被砍头也没有什么了不起。旧时多用来表示敢作敢当，什么后果都不怕。

看得破，逃得过

指把人间的事情识清了，对某些事情就不会去执意追寻，因此可以避免纠纷矛盾，躲避灾难。

炕上养虎，家中养盗

比喻袒护放纵坏人，会有许多灾祸。

靠山吃山，靠水吃水

指要根据客观条件，因地制宜地去发展生产，搞好生活。也比喻干什么行当就靠什么行当生活。

靠张靠李，不如靠自己

指依靠别人不如自己奋斗拼搏。

靠着米囤饿死

比喻不会依靠有利条件而陷入困境。

孔夫子面前莫背三字经

指不要在有才能的人面前卖弄自己的学问。

苦时难熬，欢时易过

指苦日子难过，快乐的时候很容易过去。

裤子长了要绊腿，心眼多了要受累

指如同裤子长了走路容易跌脚一样，遇事想得太多了反倒会拖累自己。

困难九十九，难不倒两只手

指困难再多再大，只要动手去做，就一定能克服。比喻困难再多、再大，也难不倒有勤劳双手的人。

L

拉不出屎来怨茅厕

比喻自己懒作，事情办不好，却抱怨客观条件差。

拉弓不可拉满，赶人不可赶上

指为人处世要留有退步。

来得清去得明

指做事要清白廉洁。

来者不惧,惧者不来

惧:恐惧,害怕。敢来的人不会害怕,害怕的人不会来。指前来挑衅事非的总有几分胆识。

懒惰一时,损失一生

一时偷懒,一辈子后悔。

烂麻拧成绳,力量大千斤

比喻团结就是力量。

烂眼睛招苍蝇

比喻自身不谨慎会招来祸患。

狼行千里吃肉,猪行万里装糠

指狼总是吃肉,猪总是吃糠。比喻每个人的命运福分不同。也比喻各类人有各类人的性格特征,难以改变。

老不拘礼,病不拘礼

指老年人与病人可以不必行礼节。

老不与少争

指遇到事情,老年人不与年轻人计较。

老虎不吃回头食

指老虎不会返回来找食吃。比喻有志向的人做事说话不后悔。

老虎不嫌黄羊瘦

再瘦的黄羊,老虎也不嫌弃。比喻有用的东西再破旧,也舍不得丢弃。

老虎吃天,没法下嘴

比喻事情相当庞大杂乱,不知从哪里下手去处理。

老猫不死旧性在

比喻坏人的本性至死不改。

老人不见小人怪

指老年人见识长远,不必和不谙世事的晚辈计较。

老人好述远事

老年人喜欢谈论很久以前的事情。

老实常在,说空常败

指诚实可靠的人能得到别人的信任,奸诈耍滑的人常招来祸患。

老鼠爱打洞,坏人爱钻空

比喻坏人喜欢钻营,就像老鼠喜欢打洞一样。

老鼠急了会咬猫

比喻人在无可奈何的情况下,会做出危险的事来。

老鼠眼睛寸寸光

比喻目光短浅的人毫无远见。

冷手难抓热馒头

比喻无从插手。

礼不可缺

指不论啥事情,都要讲究礼节。

礼出大家

礼仪出自富贵的大户人家。

礼多必有诈

指过分讲究礼节一定是虚伪的言行。

礼多人不怪

交往时对人多讲礼貌,别人总不会见怪。

礼莫大于敬,敬莫大于严

指礼节以尊敬为主,恭敬以严肃为主。

礼无不答

指对方以礼相待,必须还之以礼。

礼义生于富足,盗贼起于贫穷

指人在生活富足时,会讲究礼节;生活穷困时,会产生偷盗。

礼有经权,事有缓急

经:常规。权:暂时。讲究礼节要区分场合,处理事情要分轻重缓急。

理还理,情还情,黑白要分明

指道理是道理,情分是情分,情理要分明。

理怕众人评

指道理经过众人评论就会更加清楚。

理屈者必败

在情理上没立场的人,必然要跌跤。

理正人人服

指在理上站得住脚方能服人。

理直千人必往,心亏寸步难移

指有理哪里都行得通,没理就会到处受阻。

力敌不如智取

指与其用武力取胜,不如用智谋取胜。

力贱得人敬,口贱得人憎

指不惜自己力气,会受人尊敬;闲话太多了,会招人讨厌。

立志容易成功难

空立志向是容易的,但要真正实现却不容易。

利刀藏在鞘里

指真正有分量的人与物是不轻易表现的。

良骥不陷其主

良骥:好马。好马不使主人遭祸。

良马恋主

指好马不愿意离开主人。

量大福也大,机深祸亦深

量:气量,肚量。机:心思。指气量大的人会有大的福运,计谋深的人终会招来灾祸。

量小福亦小

指气量小的人福气也小。

料智者不能料愚

智:聪明。愚:笨,傻。指能预料到智者的思维和行动,却难以猜测愚笨人所采取的与常人相违背的行动。

烈女不更二夫,忠臣不事二君

烈女:刚直有贞节的女子。旧指贞节的女子不嫁二男,忠良的臣子不伺奉两个君主。

灵鸟择木而栖,智士见机而作

机:时机,机会。作:行动。有灵性的鸟选择好的树栖身,聪明的人选择适当的时机行动。

流多少汗水,收多少粮食

指付出多少劳动,就收获多少庄稼。泛指投入多少就能收获多少。

流言止于智者

指有见识的人不传播闲言碎语。

柳树上着刀,桑树上出血

比喻替人受过。

龙生九种,种种有别

传说龙生下九子,其形态和个性各不相同。指同胞兄弟姐妹的个性、志趣爱好各不相同。

龙无云雨,不能参天

指龙无云雨就不能升天。比喻要干成大事,就必须有所凭靠。

聋子爱打岔,傻子爱说话

聋子听不明白,别人说话时总爱打岔;傻子不懂事理,却爱发表意见。多用作对爱打岔、爱说话的人的斥语。

聋子不怕雷,瞎子不怕刀

指雷声再大,聋子也听不见;刀再锐利,瞎子也看不见。比喻不明事理的人遇到的再大的危险也不在乎。

鲁班门前耍大斧

指没有自知之明的人在专家面前卖弄自己。

路不平有人铲,事不公有人管

意指办事情不公平,自会有人站出来主持公道。

路不行不到,事不做不成

路不行走难到终点,事情不做难于成功。指人一定要去身体力行。

路没有平的，河没有直的

意谓人生道路不可能是平坦的。也说明人和人之间相处，难免发生矛盾。

路是人走出来的

说明人的前途是要靠自己努力奋斗的结果。

萝卜青菜，各有所爱

通常说明人的爱好各不相同。

M

麻面姑娘爱擦粉，癞痢姑娘好戴花

癞痢：黄癣。好：喜欢。指生理有毛病的人总想通过打扮来掩饰自己的毛病。比喻坏人总想装做好人的样子来掩饰自己。

麻绳熬断铁锁链

比喻力量虽小，只要坚持努力，也可以完成艰难的事情。

麻线系骆驼，立木顶千斤

系：拴。麻线能拴住骆驼，立木能顶住千斤重量。比喻正直坚强的人能抵得住外来的巨大压力。

麻油拌韭菜，各人心里爱

指用麻油拌韭菜吃，每个人都有自己的喜好。比喻人的爱好各不一样。

马有失蹄，人有失言

说明马有不慎跌倒的时候，人有不小心说错话的时候。告诫人们要谨言慎行。

蚂蟥最怕烟屎，坏人最怕揭底

蚂蟥：水蛭的俗称，会吸血。烟屎：旱烟袋里积下的液体渣汁。坏人最害怕别人戳穿他的老底，如同蚂蟥害怕烟屎一样。

买尽天下物，难买子孙贤

指用金钱能买得到世上任何东西，却不能买到子孙的孝心。指子孙的孝顺是很可宝贵的。

馒头落地狗造化

造化指福气。比喻碰上了意料不到的好运气。也比喻意外的收获。

瞒得了人瞒不了心

指自己做的事情即使能瞒得了旁人，却瞒不了自己。

满壶全不响，半壶响叮当

说明有真才实学的人不爱显露自己，一知半解的人反而喜欢自我吹嘘。

慢走跌不倒，跑跳闪断腰

说明做事应小心谨慎，否则会出差错。

忙和尚办不了好道场

道场：和尚或道士所做的法事。比喻操之过急办不好事情。

忙人无智

指慌乱时考虑事情不会周全。

忙人惜日短

惜:爱惜。日:这里指时间。说明勤快的人总感到时间流失得很快。

忙中多有错

指匆忙中常常会有错误出现。

猫认屋,犬认人

猫在外只能认得主人的屋子,而狗在外却能认得主人。

猫子屙屎自己盖

比喻自己干的坏事自己收场。

毛毛细雨湿衣裳,小事不防上大当

比喻小的错误如果不防范,积累起来就会造成大的危害。

毛毛雨打湿衣裳,杯杯酒喝垮家当

比喻细小的浪费或错误,发展起来也会造成大的损害。

没有过不去的火焰山

火焰山:指《西游记》描写唐僧去西天取经,路经火焰山过不去,孙悟空经受了许多挫折,终于向铁扇公主借来芭蕉扇,扇灭了大火,才得以通过。比喻没有克服不了的困难。换句话说,有志者事竟成,只要努力进取,就没有克服不了的困难。

没有艰苦劳动,就没有科学创造

指只有靠艰苦努力和辛苦的劳动,才能有创造,有收获。

没有懒地,只有懒人

只要辛勤劳动,就会有所收获。

没云不阴天,无事不上山

比喻没事不会串门。

美景不长,良辰难再

辰:时光。美丽的景色不会长久,大好的时光不能再来。告诫人们要珍惜光阴,不要虚度年华。

猛虎捕食冲三冲

指猛虎捕食也经过多次捕捉才能捕获。比喻能人做事也要经过努力拼搏,不一定一次就能成功。

猛犬不吠,吠犬不猛

吠:(狗)叫。凶猛的狗不叫,爱叫的狗不凶猛。比喻真正有心计的人一般不显露自己。

迷而知反,得道不远

反:同“返”。指迷途知道回返,离正路就不远。比喻犯了错误能及时改过来,就有成功的希望。

明白人不说糊涂话

比喻知道事理的人,讲话不会糊涂。

明白人不用多费话

意谓对明白人不用把事情说破,自能理解。

明白人不做糊涂事

比喻聪明人不会去办不明智的事。

明白一世,糊涂一时

意谓聪明人也会有糊涂的时候。

明人不说暗话,好汉不使暗拳

比喻正大光明的人说话办事都放在明处。

明人不做暗事

光明磊落的人不在暗地里做见不得人的事。

明人面前不说假话

比喻在知道事情真相的人面前不能撒谎。

明日复明日,明日何其多

明天过后又是明天,明天有很多很多。告诫人们要珍惜光阴。

明者睹未然

睹:看见。未然:还没发生的事情。比喻明白人在事情还没发生时就能预测到结果。

明者见于无形,智者虑于未萌

指明白的人在事非没发生时就能看出端倪,英明而有远见的人在祸端尚未萌芽时就已经在考虑结果了。

明知山有虎,故作采樵人

樵:柴。指明知困难重重,但仍然勇往直前。

明知山有虎,偏向虎山行

指明明知道山上有猛虎,却偏偏向山上去。形容胆略超人。

命薄一张纸,勤俭饿不死

即使命运不好,只要勤劳节俭,就能过上好日子。

命定应该八合米,走遍天下不满升

合:容量单位,10 合为 1 升。宿命论者认为:命里注定该有多少,不管如何努力,也不能改变。比喻命中该受苦,走到哪里也要受苦。

命好心也好,富贵直到老

指命运好,心肠好的人,一辈子富贵。多用于祝福。比喻多做好事会有好报,行善积德能富贵到老。

命里有三升,不去求一斗

旧社会指相信命运,不图奢望。

命里有时终须有,命里无时莫强求

旧指人生有无财权都是命里注定的,不能强求。比喻命里注定该有的东西最终也会得到;命里注定没有的东西,强求也得不到。这是宿命论者的观点。

莫道君行早,更有早行人

莫:不要。道:说。指不要说自己行动得早,还有比自己更早的人。提醒人们不要自我满足,要懂得随时都会有人超过自己。

莫看强盗吃肉,要看强盗受罪

不要只看到强盗吃喝玩乐时的痛快,要想到他们将要付出的代价和受到的惩罚。

莫生懒惰意,休起怠荒心

休:不要。怠:懒惰;松懈。荒:荒疏。提醒人们不要产生懒惰、松懈、贪图享受的思想。

莫问收获,但问耕耘

只要辛勤劳动,就会有收获。

莫向人前夸大口,强中自有强中手

指别在人前吹大话,要明白强手之中还有更厉害的人。

谋事在人,成事在天

旧指谋划事情在于人,而事情的成功与失败决定于天意。现指筹划事情在于人,但在一定的情况下,事情的成功与否还在于周围的客观条件。

木从绳则直,人从谏则圣

从:听从。谏:规劝,使改正缺点。比喻只要从善做事,就可以使自己品德高尚起来。

N

哪个耗子不偷油

老鼠没有不喜欢偷油的。旧时常比喻男子好色或官员贪财。

哪里的黄土不发芽,哪里的水土不养人

比喻人不必死守在一个地方受苦,哪里生活条件好,就可以到哪里去生活。

哪里黄土不埋人

指人应志在四方,四海为家,不必老死在本土。

内有斗秤,外有眼睛

指一个人的所有行为,自己知道,外人也看得很明白,不要自己欺骗自己。

男儿当自强

指男子汉应该努力奋斗,不停地拼搏。

男儿非无泪,不因别离流

男子汉并非无泪,只是不在离别时挥洒而已。意谓男子汉有远大抱负,不为儿女私情而志短。

男儿没性,寸铁无钢;女人无性,烂如麻糖

指男人如果没个性,就不能刚强;女人如果没个性,就会让人轻视。

男儿无性,钝铁无钢

意谓男子汉如果没有刚强的骨气,就像没有钢性的软铁一样。

男儿膝下有黄金

比喻男子汉要刚强,不能轻易向人低头。

男儿有泪不轻弹

男子汉不轻易流淌眼泪。意谓男子汉性格刚强。

男人无刚，不如粗糠

指男人如果没有骨气，就不能有作为，连麸糠也不如。

男子汉头上三把火

指男子汉应有一股勇往直前、无所畏惧的火性。

难字压顶，寸步难行；闯字当头，随意纵横

比喻遇事如果畏惧不前，便会一事无成；假如勇敢地去闯荡，就能永往直前。

脑子怕不用，身子怕不动

指脑子要常用，不然就会变得迟钝；身子要经常活动，不然机能就会衰退。

能大能小是条龙，能上能下是英雄

指为人处世要根据实情，能上能下才会有所作为，称得上真正的英雄好汉。

能硬能软，才是好汉

指随机应变、能屈能伸的人，才是真正的英雄好汉。

泥人还有个土性子

指什么人都有自己的脸面与个性。

年少别笑白头人

比喻人都有老的时候，所以年轻人要礼貌对待老年人。

年少力强，急需努力；错过少年，老来着急

指劝人趁年轻精力旺盛时努力奋斗，干一番成绩；决不可等到年老一事无成时，才独自感叹。

鸟各有群，人各有志

指人人都有不同的志向和理想，就如同鸟儿都有自己所从属的鸟群一样。

鸟贵有翼，人贵有智

比喻鸟儿的可贵之处在于有翅膀，可以在高空飞翔，人的可贵之处在于有聪明的大脑可创造一切。

鸟靠翅膀，人靠脚力

比喻人要生存发展，得靠自身的努力。

鸟为食落网，鱼为食上钩

指鸟儿与鱼儿因为贪吃食物而被捕捉。比喻人如果只顾贪利，不免会被蒙蔽、欺骗。

鸟惜羽毛虎惜皮

指鸟儿爱惜自己的羽毛，老虎爱惜自己的皮毛。比喻人最珍惜的是自己的名声。

鸟向明处飞，人往高处走

比喻人应当向更高、更远大的目标迈进。

宁吃开心粥，不吃愁眉饭

宁可轻松愉快地喝稀饭，也不愿愁眉苦脸地吃干饭。比喻宁愿自由自在地受苦，决不委曲求全地享受。

宁吃鲜桃一口，不吃烂杏一筐

指宁可少而精，也不多而滥。

宁当鸡头，不做凤尾

宁愿走在鸡的前头，也不愿跟在凤凰的后面。比喻宁愿在局面小的地方自主，也不愿在局面大的地方听人支配。

宁逢虎摘三生路，休遇人前两面刀

指宁可被猛虎堵住求生的去路，也不愿碰见一个两面三刀的人。比喻两面三刀的人比猛虎还可恶。

宁喝朋友水，不吃敌人蜜

指与人交往要分清远近亲疏，分清敌友。

宁可人前全不会，不可人前会不全

比喻宁可在人面前承认自己没多少学问，也不要胡言乱语随意吹嘘。

宁可身骨苦，不叫面皮羞

指宁可让身体受劳累，也决不让人格受侮辱。

宁可无钱，不可无耻

比喻宁可没有钱财，决不能没有道德和尊严。

宁可一不是，不可两无情

比喻为人处世要宽宏大量，即使对方有什么过错，也不能不讲情义，去报复别人。

宁可自食其力，不可坐吃山空

指人应该自强自立，自己养活自己，千万不能坐享其成。

宁可做小事，不可不做事

比喻人如果整日毫无事做、无所作为，将会一事无成。

宁肯在囤尖上留，不敢在囤底上愁

囤：盛粮食的器具。指要想节约粮食，就要在粮食还丰富的时候节省，粮食快吃没时才节省就晚了。比喻节约要趁早行动。

宁人负我，毋我负人

宁可别人失信，对不起自己；也不能自己失信，对不起别人。

宁舍命，不舍钱

指宁可不要性命，也不愿放弃钱财。比喻有些人视钱财重于生命。

宁舍千斤献真佛，不拔一毛插猪身

意谓钱财要用在最有价值的地方。

宁舍千亩地，不吃哑巴亏

指宁可明着吃大亏，也不在背地里吃小亏。

宁要宽一寸，不要长一尺

指为人处世要宽容豁达，不可争强好胜。

宁愿肚子饿，不让脸上热

比喻宁可让肚子遭罪，也不愿丢掉尊严，人格上受到侮辱。

宁撞金钟一下，不打铙钹三千

铙：古代乐器，形状像铃，较大。钹：民族乐器中的一种打击乐器，两个圆铜片，中间突起呈半球形。比喻做事情宁可少而精，不可多而滥。

宁做蚂蚁腿,不做麻雀嘴

比喻人应如蚂蚁一样勤快,决不可如麻雀一样贪食。

牛吃青草鸡吃谷,各人自有各人的福

指每个人的福气各不相同。

牛角越长越弯,买卖越大越贪

指贪婪的欲望永无止境。

农民观天气,商人观市场

农民注意天气变化,商人注意市场商机。指每个行业都有自己关注的热点。

浓霜偏打无根草,祸来只奔福轻人

指灾祸总发生在毫无依靠、没有福运的人身上。

O

殴君马者路旁儿

殴:殴杀。指能够杀死马的,是旁边那些称赞马跑得快的人。泛指恭维赞许,往往能使人忘掉戒心,结果招来灾祸。

P

怕得老虎,喂不得猪

指怕老虎把猪偷吃掉,就不要喂猪。比喻顾虑太多,过分胆小谨慎,就什么事也做不成。

怕狼怕虎别在山上住

比喻惧怕困难就不要去做冒险的事。

怕摔跤先躺倒

比喻事先做好预防工作。

螃蟹不忘横着爬

指恶人总是干恶事。

披麻救火,惹焰烧身

麻:麻类植物,纤维丰富,易燃。焰:火焰。指披着麻布救火,结果引火烧身。比喻自找祸患。

匹夫舍命,勇将难敌

匹夫:一般人。敌:抵挡,对付。指勇猛的大将没法抵抗一个拼命的人。

骗子见不得真相,蝙蝠见不得太阳

骗子最害怕真相暴露,就像蝙蝠不敢见到阳光一样。

拼得一条命,水火也能胜

比喻只要有不怕死的拼劲,就能闯过一切艰难险阻。

拼着一身剐,敢把皇帝拉下马

指一个人如果能豁出一条命,就什么都不怕。

平时省分文,用时有千金

比喻平常假如能注意节省的话,急需的时候就会有钱财应付局面。

泼水难收

指倒掉的水无法再收回。比喻话一旦讲出来,就得算数;或事已有定局,没法改动。也比喻既成事实不能再挽回局势。

泼水难收,人逝不返

指人死不能复生,如同水泼出去收不回来一样。比喻事已定局,无法改变。

破车之马,可致千里

致:到达。指拉着破车的马,虽然迟缓,但也可以到达千里之外。也指浪子回头,依然能成就大事。泛指工作效率虽然慢一些,但能够坚持不懈,仍然能办成大事。

破船经不起顶头浪

经:禁受。指破旧的船只禁受不住波浪的冲击。比喻人的处境很艰难,再也受不了新的打击。

Q

欺人是祸,饶人是福

指欺侮人会招致祸患,宽容待人最终会得到福气。

骑马一世,驴背上失了一脚

比喻有经验的人,也难免会有失误。

骑牛不怕牛身大,骑马不怕马头高

指不怕对方的气焰嚣张,总能制服对方。

骑上虎背难下地

指做事情中间,遇上了重大的困难,迫于形势又难以停手不干。

气可鼓而不可泄

指人的精神与情绪需要激励,不可打击使其沮丧。

千防万防,家贼难防

指家属或亲近的人营私舞弊最难防范。

千金难买回头看

回头看:指反省已做的事。比喻能反省自己的一切行为很不容易。

千金难买亡人笔

指死者的亲笔文书是极为宝贵的。

千金难买信得过

指能取得别人的信任,是相当困难的。

千金难买一口气

气:指人的呼吸。指金钱难买人的生命。比喻人的生命十分宝贵,人凭一口气活着,没有这口气生命就结束了,金钱再多也没有生命更有价值。

千里投名,万里投主

投:投奔。形容慕名前来投靠。也比喻是从很远的地方慕名前来投靠。

千人千面,百人百性

比喻每个人都有自己的个性和脾气。

千日行善,善犹不足;一日行恶,恶自有余

指天天做好事,还嫌做得不够;坏事只做一天也会贻害无穷。

千日斫柴一日烧

斫:砍。指平时积累为的是一时的急需。

千虚不如一实

指再多的虚假也不如一点点实在有价值。

牵牛要牵牛鼻子

指办事要抓住主要的问题,抓住关键性的东西。

前进路上无尽头,水流东海不回头

指人的前途是无止境的,应永远向前,不能退后。

前人洒土,迷了后人的眼

迷:尘埃等杂物进入眼中。指走在前面的人扬土,迷了跟在后面的人的眼睛。比喻前人做了错事,后人受到牵连。也比喻上一辈人的是非纠纷连累了后代。

前人蹶,后人戒

蹶:被绊倒,比喻事情不顺利、失败。比喻后人要吸取前人的教训,不再犯前人的错误。

钱财如粪土,仁义值千金

指仁义比钱财更加难能可贵。

钱财倘来物

指钱财是不经意间得来的东西。比喻对钱财并不放在心上。

钱到手,饭到口

送到手上的钱,谁都会拿;送到口边的饭,谁都会吃。比喻贪财是人的本性。

钱是白的,眼是红的

白:指白银。指见钱就会眼红。比喻势利小人对金钱的贪婪。

浅河要当深河渡

比喻容易的事,也应该小心谨慎地做。

浅浅水,长长流

指勤俭持家,可以避免生活贫困。

强人腿下还给人留条路

强人:强盗。指不要逼人太甚,要给人留条生路。

巧妇难为无米之炊

炊:烧火做饭。指没粮食,再手巧的妇女也做不出饭来。比喻没有必要的客观条件,再能干的人也做不成事情。

巧伪不如拙诚

巧妙的伪饰,不如质朴的诚实。

茄子也让三分老

比喻对待老年人应该尊敬、谦让。

亲不择骨肉,恨不记旧仇

亲,不限于至亲骨肉;恨,不纠缠往日积怨。

勤俭宝中宝,时刻离不了

比喻勤俭持家是好的传统,要时刻牢记保持。

勤俭免求人

意谓勤俭持家创造财富,在吃穿用上就可以不求人。

勤快勤快,有饭有菜;懒惰懒惰,挨冻受饿

比喻人只有勤劳,才能避免挨冻受饿。

勤能补拙

勤快能弥补笨拙。

勤能补拙,俭可养廉

比喻勤快能够补偿笨拙的不足,节俭能使人保持廉洁的作风。

勤勤干,满满饭

指勤于劳作就能衣食无忧。

勤生财,俭治家

指勤劳能带来财富,善于节省才能治理好家务。

青春易过,白发难饶

比喻应珍惜青春年华。

晴带雨伞,饱带干粮

指做事要早做准备,免得事到临头来不及应付。

穷不倒志,富不癫狂

指即使穷也不能没了志气,富了也不要得意忘形。

穷不过讨吃,怕不过杀头

指再贫穷,也不过讨吃要饭;再恐惧,也不过脑袋落地。比喻既已做了最差的打算,就没有啥好顾虑的。

穷不瞒人,丑不背人

穷就穷,丑就丑,无需遮掩,无需隐瞒。指做人坦坦荡荡。

穷人骨头金不换

比喻穷人最宝贵的就是志气刚强,也是绝不被恶势力吓倒的精神品质。

穷人无灾即是福

即:就。指对于穷人来说,没有碰上灾祸就算是福气了。比喻穷人经不起折腾,没有灾祸就算是有福气了。

穷媳妇知米贵

指贫困人家的女孩子出嫁后能够勤俭过生活。

穷有穷气,杰有杰气

意谓穷人有穷人的骨气,英雄豪杰有英雄豪杰的志气。

秋茄晚结,菊花晚发

指茄子在秋天还能长成,菊花开得晚却好看。比喻老年人在晚年仍然可以做些事。

求忠臣必于孝子之门

意谓在家能孝敬父母的人外出必定会尽忠报国。

去过死法是活法

死法:常规方法。活法:灵活的方法。去掉常规方法,还有灵活方法。

R

让礼一寸,得礼一尺

指待人有礼貌,就可得到别人更大的回敬。

让人一步自己宽

指对待别人宽容,也就是给自己留出了宽阔的后路。

让一得百,争十失九

比喻对人忍让一些,便能得到许多好处,反之就会丢掉许多。

饶人不是痴

指宽容别人算不上痴呆,以后会得到更多的好处。

饶人三分不是痴

指对人宽容谦让不是痴汉。

人必自侮,然后人侮之

指人首先是自己不洁身自爱,而后才会受到别人的轻视欺侮。

人不错成仙,马不错成龙

比喻什么人都不免有过错,人不犯错误是不可能的。

人不得全,瓜不得圆

指人总有缺点和错误,不会十全十美,就像瓜不可能绝对圆一样。

人不说废话,母狗也能生麒麟

麒麟:古代传说中的动物,象征祥瑞。比喻人说话不可能每句都有价值。

人不学习不长进,人不劳动没出息

劝诫人们要勤奋学习,努力工作。

人不要脸,百事可为

比喻人只要不顾及脸面,啥事都能办成。

人不知己罪,牛不知力大

指牛的力气有多大,牛自己并不知道;人犯了错误,自己往往不能认错。

人不知自丑,马不知脸长

指人看不到自己长得丑,如同马看不见自己的脸长一样。比喻人们常常很难发现自己的短处和过失,都以为自己很好。

人到难处不能挤,马到难处不加鞭

指人到了艰难困苦处,不能再给他施加压力;这和马到了难以施展力气的地方,不要再用鞭催它是一个理。

人到难处方知难

比喻人只有亲身处在苦难之中，才能真正感觉到苦难的味道。

人到三十花正旺

指在事业上，人到三十正是大干的时候，就像花开正旺时一样。

人到事中迷，就怕不听劝

比喻当事者迷糊的时候，最怕的是不听从别人的劝解。

人到知羞处，方知艺不高

比喻人只有碰到当面丢脸时，才意识到自己能力不足。

人到中年万事休

指人到了中年就不会再有什么作为了。比喻人到中年已做不了多少事了，就不容易有大的作为。因此劝人平时要珍惜光阴，多作贡献。这是反映旧时中年人的悲观情绪。

人的名儿，树的影儿

名：名声。指人有名声，如同树有影子一样。也指人在世上如同树的影子一样，无论好坏都有一个名声。比喻人做善事就有好名声，做恶事就有坏名声。

人恶礼不恶

指再凶恶的人，在礼节上还是要过得去。

人而无恒，不可以作巫医

巫医：古代用禳祷的法术给人治病的人。而：如果。人假如没有恒心，连巫医也做不成。指人如果没有坚定的信心，啥事也办不成。

人非圣贤，孰能无过

圣贤：圣人和贤人，指品格、智慧和才能超群的人。指都是一般的人，不是圣贤，谁能没有过错。比喻无论人修养有多高，也难免有犯错误的时候。

人各有心，心各有志

指每一位人都有自己的理想和志气。

人各有志，不必强求

指每个人都有自己的理想抱负，不可强求一致。

人贵有自知之明

一个人最难能可贵的是能够正确清楚地认识自己。

人过留名，雁过留声

指人离开或死去后，留下好的名声。比喻人每到一个地方，每做一件事，都要给人留下好名声。

人过一生，不过两世

人只能有一次生命。意谓人活着就应该珍惜时日。

人活一张脸，树活一层皮

意谓人活着，就得注重名节，就像树活着，凭的是一张护身的皮一样。

人间五福，惟寿为先

五福：指长寿、富贵、康宁、德望、善终。指世上五福之中，长寿位于第一。比喻人世五种福分中，长寿位于第一，是最大的幸福。

人见利而不见害，鱼见食而不见钩

指人看到有利的事往往不顾后果，就像鱼儿看到鱼食不顾有鱼钩一样。比喻只看到眼前的好处而没有看到好处背后的危机。

人将礼义为先，树将枝叶为圆

比喻为人处世，要把礼节和义气放在首位。

人皆有过，改之为贵

人免不了犯错误，关键是能有错即改。

人敬我一尺，我敬人一丈

指对方尊敬自己，自己要更加敬重对方。

人年五十不为夭

夭：夭折。指人到五十岁去世不能算早死。

人怕出名猪怕壮

指人出了名容易招来是非，导致打击，如同猪长肥了就要被宰杀，招来杀身之祸一样。比喻人出名后不能狂妄自大、要谦虚谨慎。

人怕丢脸，树怕剥皮

指人怕丢失面子，就像树怕被剥皮一样。

人怕输理，狗怕夹尾

指人理亏如同狗挨打之后夹着尾巴逃跑一样狼狈不堪。

人平不语，水平不流

人受到公正对待就没有怨言，像水面平缓水不流动一样。

人凭一口气，事凭一条理

指人活在社会上凭的是一身正气，干事要想成功，靠的是手中有真理。

人凭志气虎凭威

意谓人立身处世靠的是志气，就像老虎活动靠的是虎威一样。

人前一句话，神前一炉香

指对人说话要像在佛前烧香一样真诚。比喻说到做到，要有诚信。

人怯鬼蝎虎，人勇鬼缩头

蝎虎：方言，厉害。比喻面对困难或恶人，要勇猛顽强敢于出击。

人勤三分巧

比喻人做事勤快，便会变得心灵手巧。

人穷志不穷

指人虽然穷困，但不能没有骨气。

人人心里都有一杆秤

指每个人心中都有衡量是非曲直的标准。

人上一百,形形色色

指人多了,啥样的人都有。

人生但讲前三十

但:只。旧指一个人有无作为只需看他三十岁前如何。

人生几见月当头

比喻人生一世良辰好景的时候不多。

人生能有几回搏

人的一生,能有几次大的拼搏?指人应该珍惜有限的生命,为事业全力拼搏。

人生如白驹过隙

白驹:白色的骏马。隙:缝隙。指人生活在世间的时光短暂,如同从缝隙中看骏马飞驰,一闪而过,转瞬即逝。形容人生过得相当快。比喻人生时光很短,要抓紧时间多做事。

人生一盘棋

指人生变化莫测,犹如一盘棋一样。

人生一世,草生一秋

秋:年。指人只能活一辈子,草只能活一年。比喻人生如野草的生命那样短暂,应该更加珍惜光明,多做有益于人民的事。用来慨叹人生时光很短,说明要抓紧时间干一番事业。但虚度光明者常以此为理由,强调要及时享受。

人生自古谁无死

指人总有一死。比喻人活着要讲气节,不能贪生怕死。

人望幸福树望春

望:盼望。比喻大家都向往美好的生活,渴望过上好日子。比喻追求幸福生活是每个人的愿望。

人无千日好,花无百日红

指人的身体、境遇或人际交往,不可能长盛不衰,就像鲜花不可能长开不败一样。比喻好景不长。也比喻人情有冷暖变化,不能长期和谐相处。

人无千日计,老至一场空

指人如果没有长期计划,到老便会一无所有。比喻做事要有长远的计划,避免最后落空。

人无十全,瓜无滚圆

指人没有十全十美的,如同瓜没有绝对的圆。指人都会有短处、不足。

人无完人,金无足赤

就像金子没有十足的成色一样,人也没有十全十美的。

人无主心骨,要吃眼前苦

意谓人做事如果没有主见的话,就免不了要吃苦头。

人香千里香

比喻人的品行优秀,他的名声自然会流传千里。

人心不同，各如其面

指人的思想，就像人的面貌一样千差万别，各不相同。

人心不足蛇吞象

比喻贪婪之心永久不能满足，如同蛇想吞并大象一样。

人心难满，谿壑易填

谿壑：沟壑。沟壑容易填平，人的欲望却难以满足。意谓人贪得无厌。

人心是杆秤

指众人的评价是最公道的。

人眼是秤

指公众的眼光是雪亮的。

人要闯，刀要砀

砀：指在磨刀石上磨。指要勇敢地在恶劣环境中经受磨炼，如同刀要常在磨刀石上磨一样。

人要志气，马要精神

意谓人要有志气才能创业，就像马有了精神才能奔跑一样。

人要自爱，才能自尊

指人只有爱惜个人，才会自尊自爱。

人有旦夕祸福，天有不测风云

指人生的祸福像天气变幻一样难以预测。

人有当日之灾，马有转缰之病

转缰：牵动缰绳，指短暂时间。指人的灾祸顷刻之间说来即到，如同马转缰瞬间就会生病一样。比喻人的灾难不能预测，不是人的意志所决定的。

人有恒心，山石要崩

比喻只要有坚定的信心，啥事都能办成。

人有急处，船有浅处

指人常有急迫困难的时候，就像船常有搁浅难行的时候一样。

人有千算，天只一算

旧社会指人即使十分能算计，也不能抗拒天意。

人有前后眼，富贵一千年

指人做事要是能瞻前顾后，考虑周全，就可以长久地享受荣华富贵。比喻做事能看清当前，考虑长远，就可以免遭祸患，而安享幸福。

人有失手，马有漏蹄

指人的失误是不可避免的。

人在春风喜气多

春风：喻事情顺达时扬扬得意的样子。指人得意时喜气洋洋。比喻人逢喜事，高兴的心情掩饰不住。

人在难处，才见真心

指人在艰苦困难之中，才能知道谁是真心扶持自己的。

人争气,火争焰

人生在世就要争一口气,活出个样子来。

人争一口气,佛争一股香

指人生在社会上要有志气,就像供在庙里的佛要争一股香似的。比喻人不能忍受侮辱。

人直有人敬,路直有人行

人正直,就受人尊敬和爱戴,如同道路平直,人就乐意行走一样。

人走时气马走膘

时气:运气。走膘:牲畜长膘。指人运气好时如同马长了膘似的。比喻人运气好时一帆风顺,如同马吃啥都长膘一样。

仁不统兵,义不行贾

指仁慈的人不宜带兵打仗,仗义的人不宜做买卖。

忍气饶人祸自消

指对自己压制,对别人宽容,自然会消除祸患。

忍辱至三公

三公:太师、太傅、太保,协助国君掌管国政的最高官员。指人只有能忍受屈辱,才能登上三公的高位。比喻能忍辱负重才可能升至高官。劝诫人们,凡事多忍让,才能有好的前途。

忍事敌灾星

敌:对抗,抵挡。指碰上让人生气的问题,自己能够忍受,就可以抵挡住灾祸。比喻凡事克制忍让,能消除灾祸。

任凭风浪起,稳坐钓鱼船

比喻无论处境多么艰难,始终充满信心,泰然处之。

日日行,不怕万里路;时时做,不怕事不成

指做事只要持之以恒,就能成功。

日食三餐,夜眠七尺

七尺:指人睡觉地方。即白天吃三顿饭,晚上睡一个安稳觉,是人在生存方面最基本最简单的要求。比喻人吃饱了便睡,睡足了就吃,没有理想,无所作为,对周围的事情漠不关心。

容得虎挡道,不是好猎手

能容得下老虎挡道的猎手就不是好猎手。比喻允许坏人作恶的人,就不是英雄好汉。也比喻在困难面前低头的人不会有所作为。

入山不畏虎,当路却防人

进山不用怕老虎伤人,走在路上倒要提防坏人暗算。意谓人心难测,要提高警惕。

入深水者得蛟龙,入浅水者得鱼虾

指能入深海,就能擒得蛟龙;在浅水处,只能捞到鱼虾。比喻敢于吃大苦或冒大风险,才有可能获得大的成功;怕付出大的代价,就不会有大的收获。

若要不喝酒，醒眼看醉人

比喻假如想戒酒，在清醒时看看醉汉的丑态百出，便可知道。

若要不怕人，莫做怕人事

指要想光明正大地做人，就不能做见不得人的事。

S

三分天才，七分勤奋

指事业成功三分依仗天赋，七分靠自己勤奋。

三个五更抵一工

比喻每天天不亮就起来劳动，自然会比别人干的活多。

三更不改名，四更不改姓

意谓人性格坚强勇敢，做事情不隐瞒。

三更灯火五更鸡，正是男儿立志时

指少年立志刻苦读书，要起五更睡半夜。

三年清知府，十万雪花银

清：清正廉洁。知府：明清两代称一府的长官。雪花银：成色纯正的白银。做上三年清廉的知府，也会收入十万两银子。指没有不贪的官。

三人误大事，六耳不通谋

指三个人在一起秘密策划，易泄漏机密而延误大事。比喻知道事情的人多了，就不容易保密，泄露出去就会坏事。也比喻人多相互依赖，可能耽误大事，人多也不宜谋划机密。

三十年风水轮流转

风水：指住宅基地或坟茔周围的风向、水流、山脉等地势。迷信以为，风水的好弱可以影响其家族、子孙的祸福吉凶。比喻随着时代的变迁，风水有改变，人的命运也会随着发生改变。这是一种封建的迷信思想观念。

三十年弄马骑，今日被驴扑

指骑了三十年马，今天反被一头毛驴扑打。比喻阴沟里翻船，老到的能手被欺。也比喻即使富有经验的人，也会发生差错。

三天不唱口生，三天不演腰硬

比喻艺人假如停止唱曲演戏，便会觉得艺术生疏。

三心二意，永不成器

指做事情主意变来变去或不能持之以恒，永远不会有成就。

杀头生意有人做，赔本买卖无人做

做生意只要有利可图，冒再大的风险也有人敢做；如无利可图，则谁也不会去做。

山高有个顶，海深有个底

比喻什么事物都有极点，只要不断努力就能寻到结果。

山高有攀头，路远有奔头

指目标越远、越高，越能吸引人努力奋斗，越能品尝出拼搏的快乐。

山可移,水可断,困难吓不倒英雄汉

比喻有志向的人可以战胜各种困难。

山有百草,人有百性

指山上有各式各样的花草,人有千差万别的性格。

山中方七日,世上已千年

指山里刚刚过了七天,人世间已过了一千年(传说仙境的时间流逝要比人间慢得多)。感叹人生短暂,光阴流逝迅速。现常用于感叹时势的巨大变化。

山中无甲子,寒尽不知年

甲子:用干支纪年计算时间,六十组干支叫一个甲子。比喻大山中没有历法之书,严寒即将过去,还不知已到年节。比喻住在贫嵴僻地,与社会不通融,不了解世事。

伤弓之鸟高飞,漏网之鱼远逝

指受过弓箭惊吓的鸟飞得高,从渔网里漏走的鱼游得远。比喻人从教训中会产生警惕。

伤心忧愁,不如握紧拳头

比喻面对苦难与厄运,与其伤痛落泪,不如攥紧拳头抗争。

上刀山,下油锅

意谓在险境中无所畏惧,经受严峻考验。

上回当,学回乖

比喻受了一次损失或挫折,吃了一次亏,学到了精明细心,认真。

上山容易下山难

指上山身向前倾,好用力,容易攀登,不易出危险;下山时脚下滑,移步困难,容易失足。也指人的社会地位,上升时觉得荣耀,下落时觉得丢脸。比喻干事往往开头容易结尾难。

少要闯,老才享

指年轻时奋斗拼搏,老年时才会享受幸福。

少壮不努力,老大徒伤悲

老大:年老。徒:徒然,白白地。指年轻力壮时不努力学习、工作,到老了一事无成,后悔也来不及了。

蛇钻窟窿蛇知道

比喻个人做的事情个人明白。

蛇钻竹筒,曲心还在

蛇钻入笔直的竹筒,虽暂时拉直了身体,但它蜿蜒爬行的本性不会改变。比喻人的本性不会因为环境的改变而彻底改变。

舍得三季种,必有一季收

种:种子。指敢于撒下三季的种子,总有一季会有产量的。比喻肯下工夫,总会有成功的机会。

舍得一身剐,敢把皇帝拉下马

剐:封建时代的最严厉的刑法。指不怕丢掉性命,就是皇帝也敢把他拉下马去。

比喻不怕牺牲,不惧怕权势,敢于斗争的大无畏精神。

伸头一刀,缩头也是一刀

意谓进是死,退也是死,不如一拼。

身大力不亏,智大事有为

指身材雄壮,就会有力量;智慧高超,就能大有作为。

身上有屎狗跟踪

意谓自身存在弱点而惹来坏人。

身在福中不知福

指虽然过着富裕的生活,但却感觉不到幸福。比喻生活在幸福中,还觉得不好,对幸福的生活不满足。

身正不怕影子斜

身子站正了,就不怕影子歪斜。比喻为人处世光明磊落,就不怕别人说长道短。

神仙眼睛看得宽,看不到自家鼻子尖

指人常常看不到自己的短处。

生成的眉毛,长成的骨骼

比喻人生成的天性很难改变。

生存华屋,零落山丘

零落:凋谢,指死。指生前住在富丽堂皇的屋子里,死后埋在荒郊野地。比喻一方面用以感慨人生起落蜕变,另一方面告诉人不要过分追求奢侈糜烂的生活。

生当作人杰,死亦为鬼雄

意谓人不应碌碌无为地活着。

生有地,死有处

旧指人的生与死是由命运注定的。

生于忧患,死于安乐

在忧愁困窘的环境中能使人发奋图强,获得生路;在安乐舒适的环境中容易使人颓废堕落,导致灭亡。也指仁人志士为国家、百姓的忧患而奔波劳碌,为国家、百姓的安乐而奉献生命。

胜败兵家常事

指胜利或失败是带兵打仗的人常常碰到的事。比喻做事情成功与失败是正常的。换句话说,办事情总是有时成功,有时失败,是寻常之理。

省吃餐餐有,省穿日日新

指节俭持家,能细水长流。

圣人怒发不上脸

圣人:本指圣贤。此处指有见识、有修养的人。比喻有修养的人即使心里生气也不表现在脸上。

失败是成功之母

指失败的经验通常是成功的基础。比喻只要善于从失败中吸取教训,最后就会取得成功。

失晨之鸡，思补更鸣

比喻打鸣过时的鸡，很想再有机会准时打鸣。犯有过错的人，很想有机会将功补过。

失去的金子可以找回，荒误的时间找不来

指时间比金子更宝贵。

失贼遭官

旧时指家中被人盗窃，报案又碰上官府乘机勒索贿赂。也指官和盗名分不同，祸害百姓却一样。现比喻灾祸连续不断。

失之毫厘，差以千里

失：过错，失误。毫、厘：重量和长度的小单位。比喻极小的差错也会酿成大错。也比喻刚开始时只是细小的失误，到最后就会酿成重大的错误。

虱多不痒，债多不愁

虱：虱子，寄生在人或猪、牛等牲畜身上，吸血液的小昆虫。指身上的虱子多了，反而感不到痒；欠下的债多了，反而不觉得愁。比喻困难压迫太多了，积重难返，反而不忙着解决，也麻痹了。也比喻矛盾多，不好解决，反觉得无所谓了。

十个光棍九个倔

光棍：单身男子。倔：性子直，说话生硬。指光棍的脾气往往古怪。

十个男人九粗心

指男人大都粗心大意。

十个瞎子九个精

指瞎子虽然看不见，却因此可以专心思考，所以处事周全。

十个哑巴九个急

指哑巴没法准确表达自己的想法，所以一般性子都急。

十年难逢金满斗

比喻难逢的好机会。

时来福凑

凑：聚集。指运气好时福分也会一起来到。比喻运气准时，便会好事临门。

时衰鬼弄人

指运气不好，鬼也会来捉弄人。比喻运气不好时，谁都敢来欺侮，连鬼也会来捉弄人。这是宿命论者的观点。

时运未来君且守，困龙也有上天时

指运气不到时，暂时等待，处于困境中的龙终能飞上天的。比喻人处于困境时，不要失去信心，等待机会，要努力拼搏，有志者事竟成，最后一定会成功。

食在口头，钱在手头

口里的食物吃着方便，手里的钱花着容易。指花钱如不节制，很快就会花完。

使口如鼻，至老不失

失：过失，犯错误。指如果让口如鼻子似的不会说话，人一生也不会有过失。

士可杀，不可辱

指有骨气的人宁可被杀，也不能受辱。

世间无难事，只怕有心人

指世上没有做不到的事，只要肯下工夫认真去做，任何困难都能战胜。

事到九九，何必十足

指做事要给人留有余地，不能逼人太甚。也指做事不必强求太圆满的结局。

事急无君子

指问题到了紧急的关头，谁也顾及不上礼节规矩。

事是死的，人是活的

意谓事情再难办，人总是能够想出各种方法来解决它。

事无三不成

三：表示多次：指做事不经历多次奋斗不会成功。比喻事业不经过多次奋斗，不会轻易成功。

是福不是祸，是祸躲不过

旧时认为，福祸都是自己命中注定的，谁也无法改变。这是宿命论者的观点。

守口如瓶，防意如城

意：欲念。指嘴巴如同瓶口似的密封，欲念如同守城似的严防。比喻一言一行都要谨慎小心。

守身如执玉

指像捧着白玉似的爱惜自己的声名荣誉。比喻要像爱护美玉一样爱护自己的身体。

守着多大的碗儿，吃多大的饭

比喻根据自己的经济收入过生活，安心守己，没有奢望。也比喻要安心守己，依着自己的能力安排生活，量入而出。

守着骆驼不吹牛

在骆驼面前，牛就不值一提了。比喻干事业要有长远打算，不要斤斤计较眼前利益。

受人之托，终人之事

托：委托，嘱托。指既然接受了别人的委托，就必须把事情办好。

书三写，鱼成鲁，帝成虎

三：此指多次，不是实数。“鱼”和“鲁”、“帝”和“虎”字形相近。指书籍经过多次传抄，“鱼”字就可能写成“鲁”字，“帝”字写成“虎”字。比喻以讹传讹，背离本意。也比喻书籍经过几次抄写，容易把字写错。

书要精读，田要细管

指读书、种地都必须认真仔细。

输棋不输品，赢棋不赢人

输棋不能输掉人品，赢了棋也不能盛气凌人。指下棋要有棋德。泛指做人要胜不骄、败不馁。

树长根,人长心

树有根才能长大,人有心才能成熟。

树德莫如滋,去疾莫如尽

滋:滋生,增多。疾:疾病,引申为邪恶。指养成优良的品德,贵在长期积累;消灭邪恶贵在干净彻底。

树高千丈,叶落归根

指树再高,叶落下来总要归到根上。比喻人不会忘记根本。多指客居他乡的人终老要返归故乡。

树靠人修,人靠自修

指树依靠人的修剪才能成材,人要靠自己的努力学习才能进步。

树靠一张皮,人争一口气

气:志气。树没有树皮就会死去,人没有志气活着就没有意义。

树老根多,人老话多

指人老了就爱唠唠叨叨。

树密多收果,梢头结大瓜

指树密结的果实就多,蔓到梢头还会结个大瓜。比喻事情只要肯做,就有收获的希望。

树怕烂根,人怕无志

指人没有理想,生活便觉得没意义。

树要直,人要实

树长得直,才能成为有用之材;人要诚实,才会被大家信任。

树叶掉下来怕打破头

比喻十分胆小怕事。

摔跤也要向前倒

比喻受到挫折,也要继续前进。

双木桥好走,独木桥难行

双木桥:两根木头做成的桥。独木桥:一根木头做成的桥。比喻做事要求取稳当合适,多征询大家的意见,不能盲目去做。

水不流要臭,刀不磨要锈

比喻人不经常活动就没有活力。也指只有经常练习,才能熟练掌握技能。

水不平要流,人不平要说

指人碰见不公道的事情,就会发表意见。

水滴石头穿,工夫到了平座山

比喻只要持之以恒,什么事情都能做成。

水深碍不着游龙,山高挡不住飞鸟

指水再深,龙照样任意游荡;山再高,鸟照样自由高飞。比喻任何艰苦困境也挡不住英雄豪杰勇往直前。

水往低处流，人往高处走

指就像水总往低处流一样，人都向往更高、更好的地方。

说话想着说，吃饭尝着吃

指说话要深思熟虑，才不会失语。吃饭要慢点吃，才会对身体更有益。

死了张屠夫，不吃混毛猪

混毛猪：带毛的猪。指即使张屠夫死了，也不会吃带毛的猪肉。比喻缺了某人或某种条件，事情照样可以办好。

死马当做活马医

比喻在已没有希望的前提下尽力抢救。

死生有命，富贵在天

指人的生死富贵是由命运或天意决定的。

岁月不饶人

比喻时光使人老，上了年纪不能再逞强。

T

抬头不见三针面

指干针线活时，抬起头的刹那就会耽搁三针活计。比喻做事要精力集中。

贪吃的鱼儿易上钩

贪嘴的鱼儿是很容易上钩的。比喻贪图一时利益的人是容易上当受骗的。

贪根不拔，苦树常在

比喻假如不消除贪婪的根子，就仍会遭受贪婪的苦楚。

贪官富，清官贫

贪污受贿的官吏，生活富有；清正廉洁的官吏，生活清贫。

堂堂正正做人，实实在在干事

指做人要品行端正，做事要脚踏实地。

塘怕渗漏，人怕引诱

池塘如果渗水就会干涸，人要是被引诱上当就会自毁前程。

桃李不言，下自成蹊

蹊：小路。指桃树李树不会讲话，但它们的果实诱人，去观看或采摘的人多了，树下自然便被踏成一条小路。比喻品行端正的人，不用吹嘘，就受到人们的恭敬和热爱。

天变一时，人变一刻

指人的变化就像天气变化一样快，说变就变，叫人捉摸不定。

天不生无路之人

指人总能摆脱困境。比喻无论境遇多恶劣，只要人活在世上，总会有解决方法，会有熬出头的那天。

天长似小年

形容时间漫长。

天地君亲师，师徒如父子

君：国君。亲：父母双亲。指天、地、国君、双亲、师长是人们必须恭敬和与敬仰的五种人，徒弟尊重师傅，如同敬仰父亲一样。

天地为大，亲师为尊

天和地是最伟大的，双亲和师长是最值得尊敬的。

天落馒头也要起早去拾

比喻机会再好，也要靠自己勤劳才能成功。

天能盖地，大能容小

大人物的胸襟足能宽容小人物的过失，就像蓝天能够包容大地一样。指胸怀宽广的人能宽容别人。

天凭日月，人凭良心

意谓天空依靠日月照耀大地，人要凭借良心做事。

天时人事两相扶

谓指机会与努力互相支助，事情方可办成功。意谓机会成熟和人们努力，两者要配合好了方可成功。

天塌了有地接着

意谓困难再大，总有办法解决。也比喻不管出了多大问题，总会有解决的办法。

天塌压大家

说明一旦有了祸患，大家都得受难。也指一旦出了坏事，大家都得受苦。

天摊下来，自有长的撑住

意谓不论有多大的问题，总会有能者去解决。

天外有天，人上有人

指天外还有更高的天，能人之上还有更强的人。提醒人们不要狂妄自大，骄傲自满。

天无二日，人无二理

指天空不会有两个太阳，世上也不会有两种真理。

天下没有养爷的孙子

说明爷辈通常要靠父辈赡养，不能依仗孙辈赡养。

天下乌鸦一般黑

意谓世上的坏人都是一样的坏。

天下无难事，只要老面皮

说明人只要肯老着面皮，就没有办不到的事。意谓只要下决心去做，不管多大困难的事情都能做成。

天有不测风云，人有旦夕祸福

说明人生祸福无常，难以预测，如同变幻不定的天气一样。意谓天气变化无常，很难预测；人的命运也变化不定，祸福也很难知道。

天与不取，反受其咎

说明不接受上天所恩赐的，反会遭到灾难。意谓坐失了良机，将遭攻击。

天燥有雨，人躁有祸

说明天气燥热便会下雨，人急躁就会引祸上身。比喻要心平气和地处事。

天作孽，犹可违；自作孽，不可活

说明天造成的灾祸还可以抵抗，自己造成的罪孽却无法逃避。比喻上天造成的过错，还可以努力去改变它；人自身造成的罪恶，就无可救药了。

挑起担子走远路，没有工夫去看兔子跑

说明专心致志做大事时，不会为没必要的小事分散注意力。

铁怕落炉，人怕落套

说明人落入圈套难以逃脱，就如同铁落进炉子里之后一定被熔化一样。意谓铁怕落入炉内被熔化，人怕落入圈套而受人控制。

铁生锈则坏，人生妒则败

说明铁生了锈就会烂掉，人要是有了嫉妒心就会变质。

听人劝，吃饱饭

指虚心听取别人好意的劝解走上正道，就能有吃有穿，过上好日子。

听人劝，得一半

指听从别人的劝解，就等于成功了一半。意谓虚心听人劝说，大有好处。

同人不同命，同伞不同柄

意谓人的命运各不相同。也比喻同样都是人，但各人的命运不一样。

头醋不酽彻底薄

说明酿出来的醋，头遍味不浓，二遍三遍味就更薄。意谓事情起点不高，往后就会一直低下去。

头儿顶得天，脚儿踏得地

比喻品行端正，光明正大。

头回上当，二回心亮

说明第一次吃了亏后，再遇到类似的情况心里就很清楚了。意谓第一次上当吃亏后，第二次吸取教训，就不会再上当受骗了。

头三脚难踢

意谓办事起步难。

投之以桃，报之以李

指他人送桃子给我，我就回赠他李子。意谓礼尚往来是人之常情。

兔死因毛贵，龟亡为壳灵

意谓女人因长得美丽而受到伤害。也比喻人或物因有某种突出的特长或价值而招致灾难。

退后半步天地宽

指遇事宽容忍让，自然清闲平安。说明为人处世贵在忍让。

退一步风平浪静，让一分天高地阔

说明为人处世要克己忍让，心境、处境便会开阔起来。

W

弯扁担，压不断

意谓为人处世要能上能下，不能过于刚强，否则就会招来祸患。

弯尺画不出直线

意谓没有正确思想准则，为人就不可能正派。

弯树枝掰不直，犟脾性改不了

说明劣行一旦形成就很难去掉。

弯着腰干活，直着腰走路

说明干活要勤勤恳恳，做人要规规矩矩。

玩懒骨头吃馋嘴

说明总是贪玩就会养成懒惰的习惯，总是贪吃嘴就很馋。

玩人丧德，玩物丧志

指戏弄他人就失去了做人的品德；沉迷于所玩赏的事物就会消沉自己的意志。

晚开的花照样香

指花不管开的时间早晚，都同样芳香。意谓起步晚的人，只要努力照样会有好的前途。

万般都是命，半点不由人

旧时指人的一生全是命里注定，丝毫也由不了个人。这是唯心论。

万般事伏少年为

说明一生的事业要趁年轻时努力创建。

万恶淫为首，百善孝为先

比喻在所有坏事中，纵欲淫乱是最大的罪，在所有的美德中，孝顺位居第一。

万事和为贵

指任何事情都以和气为可贵。

万事皆从急中错

说明很多事出错的缘故是因为太匆忙。意谓办事情发生失误，都是过分急躁引起的。

万事起头难

说明任何事起步的时候都比较困难。意谓不管做何事情，都是开始阶段最艰难。

万事想后果，一失废前程

多指将来的功业。说明不管办啥事情都要考虑细致，一处失误就会影响前途。

万丈深渊有底，五寸心窝难填

指即使是万丈深渊也会有底，但人的贪婪之心永远没有止境。

王婆卖瓜，自卖自夸

老王太太卖瓜，总是夸自己的瓜好。意谓自我夸耀、自我吹嘘。

危难见人心

说明人在危急和困境的时候，人心的善恶才能表现出来。

危难之中，见智见情

说明在危急灾难之时，最能表现出一个人的智慧和品德。

为臣要忠，为子要孝

旧时指为人臣子要忠于君主，为人子女要孝顺父母。

为人不怕有错，就怕死不改过

指做人不怕犯错误，怕就怕有错还不认错。

为人处世两件宝。和为贵来忍为高

说明为人处世要以和气与退让为贵。

为人没到自个儿身上

说明人们做事往往苛求别人，就没有想到同样的事情有一天也会落到自己身上。

为人莫贪财，贪财不自在

指做人不要贪图不属于自己的东西，否则就会时常感到内心不安。

为人莫做亏心事，半夜敲门心不惊

说明人只要没有做亏良心的事，就用不着担心害怕。

为人容易做人难

一个人只是简单地活在社会上是很容易的，但要真正做一个有品德修养的人却很难。

为人为到底，救人救到家

说明帮助人要一定彻底。

为人无主见，吃亏在眼前

比喻遇事没有主见的人，容易上当受骗。

为人重晚节

指做人要注重自己晚年的节操。

为人坐得正，不怕影子斜

比喻为人处世只要品行正派，就不怕别人议论、诽谤。

为者常成，行者常至

指做事坚持努力，就往往能获得成功；走路坚持前进，就会达到目标。说明凡事要有坚定信心。

为政不在多言

说明执政管理不在于嘴上多说，而在于做实际行动。

未出笼先别现爪

意谓时机未到，不要先暴露自己的能力。

未量他人，先量自己

在议论他人之前，要先检查一下自己。

温柔天下去得，刚强寸步难移

指谦虚礼让的人容易与人相处，能适应各种环境；而性格耿直的人不轻易忍让，就会处处碰钉子。

文齐福不齐

说明即使学识丰富,但命运不及,也不会中举。意谓文章虽然写得好,但福气不好,仍然考不取功名。

文无第一,武无第二

指有学问的人写的文章再好也不敢称自己是天下第一,练武的人武艺再高,也不敢自称是天下无敌。

蚊子见不得血,猫儿闻不得腥

指蚊子一见血就会紧紧叮住不放,猫儿一闻见带腥味的东西就会穷追不舍。意谓贪婪的人一见有利可图,决不轻易放过。

问百人,通百事

说明向很多人请教,就可以弄懂很多的事理。

问路不施礼,多走二十里

说明出门不认识路时,要有礼貌地向人打听,否则就会多走许多冤枉路。

乌龟化龙,不得脱壳儿

指乌龟想变成龙,就是不能脱掉背上的壳。意谓庸俗低下的人想装高雅,仍然脱不掉俗气。

屋倒压不杀人,舌头倒压杀人

说明流言蜚语可以毁坏人的名声。

屋宽不如心宽

指屋子宽敞不如人心开阔。

屋漏更遭连夜雨,船迟又遇打头风

意谓灾难或不幸的遭遇接踵而至,或接连不断地降临。

屋漏迁居,路纡改途

房屋漏雨,就要搬个地方住;道路弯曲,就得换条路走。意谓知错要改,不可固执。

屋怕不稳,人怕忘本

说明房屋最怕地基不稳,人最怕忘了本。意谓人忘了本就像房屋地基不稳一样会倒塌。

无才有志,成全半事;有才无志,白头了事;有才有志,做得大事

指没有才能但有骨气,事业也能取得一半的成就;有才能而没有志气,就会毫无收获;才志双全,就会成就大事。意谓才学固然重要,但志气更重要。

无胆之人事事难,有志之人定成功

说明人要想有所成就,就得有胆略、有志气。

无名不知,有名便晓

意谓人不出名没人认识,一旦出名,便人人晓得。

无欺心自安

说明人没有欺诈行为,自可安稳过日子。

无私才能无畏

指没有私心杂念,就不会有所恐惧。

无所求者无所惧

指无求于人,就能够心胸坦荡,毫无畏惧。

无心为善,乃是真善

指做好事不是要刻意表现自己,出于真诚才是真正的善事。

无与祸邻,祸乃不存

说明远远避开是非与祸患,就不会遭受灾难。

无欲志则刚

指没有私欲,就啥都不怕,意志就刚强。

无知者不怪罪

说明不了解实情的人,即使做错了,也不应该指责。意谓对不是故意犯错误的人要宽容。

无知者无咎

比喻对不知道内情或不是有意犯错误的人应当宽容。

无志之人常立志,有志之人立长志

指没有志气的人经常立志却不去实现,而真正有志向的人一次立志就终生去奋斗。

X

惜衣有衣,惜食有食

说明爱惜衣服就不会缺衣少穿,爱惜粮食就不会忍饥挨饿。意谓爱惜财物才会积攒起财富。

喜鹊老鸹登旺枝

说明喜鹊和乌鸦都爱落在茂密的树枝上。意谓什么人都想得到好的环境与职位。

戏法人人会变,各有巧妙不同

说明人人都会做事情,但每个人的方法、技巧不同。

细嚼出滋味

说明做事情细心、周全,才能真正体会到其中的奥妙。

细水长流,吃穿不愁

说明过日子节省,才会一直不愁吃穿。

细水汇成河,粒米积成箩

比喻如同细流汇成江河、一粒粒米积累成一箩筐米一样,平常注意节俭,就能积少成多。

瞎闯过不了五关

说明做事情盲目、没计划,就不会成功。

下坡容易上坡难

意谓一个人学坏容易，学好却非常难。

下浅水只能抓鱼虾，入深潭方能擒蛟龙

意谓人只有付出得多，才会有大的回报。

下下人有上上智

说明平常的人有时候也会有高超的计谋。

下雨就有露水

说明下雨之后自然就会生出露水。意谓做事只要投入工本，自然就会成功。

夏练三伏，冬练三九

说明不管酷暑还是严寒，都应该坚持锻练，下苦工夫。

仙机人不识，妙算鬼难测

说明平常人无法看破高超的计谋。

先虑败，后虑胜

说明做什么事情都应首先考虑到坏的结局，然后去考虑好的结局。

先天下之忧而忧，后天下之乐而乐

指忧虑在天下人之先，享乐在天下人之后。比喻吃苦在前，享受在后。

闲时学得忙时用

说明平常就做好准备，到需要时就能派上用场。

羡人吃饭，不如赶紧淘米

意谓眼睁睁地羡慕别人，不如自己立刻行动起来。

相金先惠，格外留神

说明买金时如果对方答应先给予优惠，就得防备受骗。提醒人们不要贪小便宜，以免上当。

香饵之下，必有死鱼

说明在优厚的物质诱惑之下，必定会有不怕死的勇夫出来做事。意谓在特殊的诱惑下，一定能使人上当受骗。

想自己，度他人

说明考虑自己得失的同时，也应该设身处地为别人着想。

小辈不知老辈苦

说明小辈没有见到父辈创业的艰辛，不懂得珍惜幸福生活。

小车不倒只管推

意谓做事情一定要坚持到底。

小孩儿嘴里讨实话

说明小孩子天真活泼，不会撒谎骗人，可以从他们嘴里知道真实情况。

小来穿线，大来穿绢

说明儿时候穿棉布衣服，长大了就能穿绸缎衣服。意谓一个人小时候生活艰苦一点，养成了艰苦朴素的好习惯，长大了就能过上好生活，生活容易富起来。

小心没大差

说明做事小心，就不会发生大的错误。意谓谨慎从事就不会有大的过错。

小心驶得万年船

比喻谨慎从事就能永保平安。

笑脸聚得天边客

说明态度和蔼能拉来远处的客人。

心比天高，命比纸薄

说明人虽胸怀大志，但因运气不好而难以实现。

心诚则灵，意诚则实

旧时指祈求神灵降福禳灾要真诚。比喻做事诚实不欺，自会有好的结果。

心底无私天地宽

说明为人光明磊落不存私心杂念，自有一种天阔地广、悠然自得的享受。

心坚石也穿

说明只要意志坚强，就没有战胜不了的困难。

心里有灯肚里亮

说明思想不糊涂，观察事物就清楚。

心平过得海

比喻正派不贪的人，能顺利地度过危险的境地。

心要热，头要冷

说明做事一定要有热情，但头脑必须要冷静。

心欲专，凿石穿

说明人心志专一，就没有办不到的事情。

心真出语直，直心无背后

比喻心地真诚，说出的话就直爽，心地坦荡，就不会背后胡言乱语。

信步行将去，随天吩咐来

说明按照自己的意愿去做，听从命运的安排。

信誉值千金

说明人的诚信、名声，比黄金更重要。

星多夜空亮，人多智慧广

指星多可以照亮黑夜，人多能够出智慧。

行车有车道，唱歌有曲调

说明凡事都有规矩，不能胡来。

行船不使回头风，开弓没有回头箭

意谓既然确定了目标，下定了决心，就决不三心二意，犹豫不定。

性清者荣，性浊者辱

比喻品行高尚的人受人尊重，品行低劣的人自惹耻辱。

凶事不厌迟，吉事不厌近

说明坏事发生得越迟越好，好事则来得越早越好。意谓对非常不幸的事，不会嫌发生得太晚;对非常吉利的事,不会嫌发生得太早。

雄辩是银,沉默是金

指雄辩固然能显示人的才能,但保持沉默,往往更为可贵。

秀才不怕衣衫破,就怕肚里没有货

说明读书人不讲究外表的好坏,而是注重自己学问的多少。

虚心人万事可成,自满人十有九空

说明做事情应当谦和,采纳多方意见就会做好事情,狂妄自大就会把事情弄糟。

许他不仁,不许我不义

比喻即使别人对我不仁,我也要采取宽容的态度。

靴里无袜自得知

意谓自己做事情自己最明白。

雪怕太阳草怕霜,人过日子怕铺张

指雪见到太阳就要消融,草被霜打就要萎蔫,人过日子就害怕浪费。意谓过日子不能浪费,要节俭才行。

鸭子过河嘴上前

意谓没有真才实学的人总是侃侃而谈,却没有实际行动。

鸭子死了嘴巴硬

意谓蛮不讲理的人会死撑着为自己争辩。

严寒飞雪盼日暖,转眼桃花满树开

说明由严寒飞雪到春暖花开,只是转眼间的事。意谓时间过得很快。

严霜故打枯根草

意谓灾难故意要降临到不幸者的身上。

言多失语,食多伤身

指话说多了免不了失言,吃得太多免不了伤食。提醒人们节食慎言。

言可省时休便说,步宜留处莫胡行

说明能不说的话就不要说,不该去的地方就不要去。意谓为人处世要谨言慎行。

炎炎者灭,隆隆者绝

说明声名、地位或权势显赫的人通常容易招致灾祸。

阎罗王面前,须没放回的鬼

说明阎王不会放走任何一个鬼魂。意谓贪财的人不会放弃到手的钱财。

眼睛背后有眼睛

指一个人在盯着目标采取行动时,要防备背后也有眼睛盯着自己。提醒人们做事时要深思熟虑,考虑周到。

眼睛里不容沙子

指正直的人对不合乎情理的事或邪恶的人不能容忍。意谓对人、对事要求很高。

眼孔浅时无大量

说明眼光短浅的人气量也小。

雁飞不到处,人被名利牵

指人为了名利,敢到连大雁都飞不到的危险的地方去冒风险。

燕子含泥垒大窝

意谓积少可以成多。也说明日积月累就能干成大事业。

羊羔跪乳,乌鸦反哺

指羊羔知道跪着吃奶,乌鸦长大后,知道衔着食物喂养母鸦。意谓儿女应该有孝顺、报答之心。

羊在山坡晒不黑,猪在圈里捂不白

意谓人或事物的本性难以改变。

杨梅暗开花

意谓有心计的人做事不露声色。

养儿不在屙金溺银,只要见景生情

说明养育儿女并不希望得到金钱上的报答,只是希望能根据父母的需要多加关照。比喻对人要求不高,只要能通情达理就满足了。

养儿跟种,种地跟垄

意谓儿子的品行像父亲,如同种地顺着地垄一样不会走样。

痒要自己抓,好要别人夸

意谓有了毛病要靠自己纠正,不能指望别人;做了善事要别人夸奖,不能自我夸耀。

要得好,大做小

说明要想把事情办成功,就得放下架子虚心请教。

要得好看,累死好汉

意谓为了虚荣讲究排场的花费让人不堪承受。

要防福中变,得在苦中练

指要防止在幸福生活中蜕化变质,就得在艰困环境下接受磨练。

要过河,先搭桥

意谓要想办好事情,就得早点做好准备工作。

要擒蛟龙下大海,要捕猛虎入深山

说明要想擒拿大的猎物,就得深入危险的地方。意谓要想抓住敌首,就必须直捣敌人虎穴。

要想吃蜜,别怕蜂叮;要想远行,莫怕狗咬

意谓要办成某事,就不要怕这怕那。

要想逮住狐狸,就必须比狐狸还狡猾

意谓要想制服对手,就要比对手更有智慧。

要想斗争巧,全凭智谋高

说明要想在斗争中以巧取胜,全凭借聪明与智慧。

要想日子富,鸡叫三遍离床铺

意谓要想生活得富裕,就要起早贪黑辛勤劳动。

要想正人,得先正己

指要想使别人品行正派,就得先使自己的品行端正。意谓要求别人做到就必须自己先做到。

要学流水自己走,莫学朽物水上漂

说明人必须自力更生,艰苦奋斗,不要依靠他人。

要摘刺梅花,不怕把手扎

意谓要想有所收获,就不要怕冒险,要不惜付出代价。

要做好人,须寻好友

说明想做好人,就要找好人做朋友。

野鸡长不了凤凰毛

意谓品行不好的人不会有高尚的品格。

野狼养不成家狗

意谓本性凶恶的人最终不可能教育成好人。

夜猫子不黑天不进宅,黄鼠狼不深夜不叼鸡

意谓坏人总是在背后偷偷摸摸地干坏事。

一遍生,二遍熟,三遍四遍当师傅

说明做第一次时生疏,再做时就熟悉了,到第三、四遍时就能当师傅带徒弟了。意谓多次练习就能牢固掌握。

一波未平,一波又起

意谓意外的事情连续不断地发生。

一不过二,二不过三

指做事容得第一次,就容不得第二次;容得第二次,就容不得第三次。意谓做事有再一再二,可没有再三再四。

一不做,二不休,推倒葫芦洒了油

意谓要么不做,既然下定决心做,就得奋不顾身做到底。

一步走错,步步走错

说明关键的一步做错,之后的一切都会错下去,不能挽回。意谓开头一步错了,或者关键一步走错了,以后就会步步走错。强调刚开始不能有错,或者重要的一步不能错。

一场官司一场火,任你好汉没处躲

说明天灾人祸是难以逃避的。意谓打一场官司如同遭受一次火灾,会倾家荡产。

一朝被蛇咬,十年怕井绳

意谓有些人经受一次打击之后,变得胆小怕事。

一寸光阴一寸金,寸金难买寸光阴

意谓时间比金子还宝贵,一定十分珍惜。

一道河也是过,两道河也是过

说明既然已经干开了,不管中途遇到任何事情都得做下去。

一顿省一把，十年买匹马

指一顿饭省下一把米，十年后积累下的钱就能派上大用场。意谓养成时时节约粮食的好习惯，以后就会过上富裕充足的日子。

一分醉酒，十分醉德

说明饮酒时微醉仅是醉酒，大醉就会损失品质。

一福能消百祸

说明一次幸运可以化解制服许多灾祸。

一个人一个性

说明每个人都有自己独特的个性和观点。

一句虚言，折尽平生之福

说明一句不真实的话，会损失一辈子的幸福。意谓讲了一句虚话、不妥当的话，折损一生的福运。告诉人们，不要说假话，也不要没有根据地胡言乱语。

一口吃不出个大胖子

意谓做事情要一步一步来，不能急躁。

一两丝能得几时络

说明一两丝有多长。意谓贪图眼前的享受是不可能长久的。

一娘生九子，九子连娘十条心

说明人心各不相同，即使是母子或兄弟姐妹，也是一样。

一女不吃两家茶

说明一个女子不能许配给两家人家。

一瓶子不满，半瓶子晃荡

意谓才识不高的人会在人面前吹嘘、卖弄。

一气三迷糊

说明人一生气就容易思维混乱，丧失理智。

一巧破千斤

说明巧用技艺或智慧的人，能胜过力气很大的人。

一勤生百巧，一懒生百病

指勤学苦练能总结出许多技巧，偷懒取巧会产生许多错误。

一勤天下无难事

意谓勤学苦练的人没有闯不过的难关。

一人拼命，万夫难挡

意谓一个人豁出性命拼杀，众人难以抵抗。

一人有福，带挈一屋

说明一人有福气，使周围的人都沾光。意谓一人得志，他的亲属都得到益处。

一人做事一人当

说明自己做事自己负责，牵扯不到别人。

一日三，三日九

意谓形容时间一天天地流逝。多用于表示事物随时间过去而变化。

一身做不得两件事，一时丢不得两条心

说明做事要专一，不能分散精力。

一生都是命，半点不由人

说明人生的一切都是命中注定的，由不得人做主。意谓无论发生任何事情，都是命中注定的，自己无法替自己做主。这是一种宿命论思想。

一失足成千古恨，再回头是百年身

说明人一旦犯了大错，就会抱恨终身，想改过已经为时太迟。意谓一旦犯了大错误，就终生遗憾，即使想改正也来不及。

一是误，二是故

说明犯同样的错误，第一次是疏忽，第二次就是故意的。意谓第一次做错事情可能是一时疏忽，但第二次出现同样的错误就是故意。

一天不练，自己知道；两天不练，同行知道；三天不练，观众知道

说明表演技艺必须天天练，稍一松懈就会被人看出破绽。

一天一根线，一年积成缎

说明积少成多，就会出现由量变到质变的效果。指平常要注意节俭。

一饮一啄，事皆前定

说明鸟雀喝一点，吃一点，都是前生注定的。意谓人的一切都是命中注定的。这是宿命论者的观点。

一语为重百金轻

指答应别人一句话，分量重过百金。意谓应诺别人后就要守诚信，讲信誉。

一争两丑，一让两有

指有一方争夺，双方都会丢人，有一方礼让，双方都会有好处。意谓遇到好事双方要让不要争。

一之为甚，岂可再乎

说明一次已是过分了，怎可再做。意谓错误不可再犯。

一种米养出百样人

指人都是吃米饭长大的，但各人有各人的个性。意谓同一种环境下的人却有不同的表现。

一着不慎，满盘皆输

说明下棋关键的一步走错，就会导致全盘皆输。意谓关键的问题不能慎重处理而招致全局性的失败。也说明如果一步失误，就会导致全局失败。

一字进衙门，九牛拔不出

意谓诉讼的状子一旦送交到官府，再想更改其中的一个字都难了。说明写诉讼状时要谨慎小心。

疑心生暗鬼

比喻人有了疑心，便会无端生出许多怪事，庸人自扰。

以己之心，度人之心

比喻用自己的想法去揣测别人的思想。

义重如山，恩深似海

比喻情深义重。

阴沟里翻船

意谓在按常理不可能出问题的地方出了错误。

银钱到手非容易，用尽方知来处难

说明手里有钱财时不知节省，等到用完时才知道钱财来之不易。提醒人们要珍惜钱财，不要挥霍浪费。

饮水要思源，为人难忘本

指做人不能忘本，如同喝水的时候要想想水的来源。

应人事小，误人事大

指别人托付的事可以不答应，但如果答应了却做不到，就会耽搁别人的大事。提醒人答应别人的要求时要慎重，答应了就要说话算数、讲信誉。

应知读书难，在于点滴勤

指应该懂得读书难以做到的是勤于点点滴滴地积累知识。

英雄敬英雄，好汉爱好汉

指英雄人物之间相互尊敬，相互爱护。

英雄有泪不轻弹，只是未到伤心处

意谓英雄豪杰一般不会在寻常小事上动感情，但是到了动情时也动感情。

英雄志短，儿女情长

比喻英雄人物斗志消沉了，沉湎于男女间缠绵之情。

鹰饱不拿兔，兔饱不出窝

说明人吃饱饭后不思进取。意谓人生活的基本条件满足之后，就没有任何追求了。

勇将不怯死以苟免，壮士不毁节而求生

意谓英雄壮士不会为贪生怕死、苟且偷生而破坏节操。

有错改错不算错

说明人有过即改，不能算有错误。

有福不用忙，没福跑断肠

指有福气的人不用着忙，到时自然会得到应得的东西；没有福气的人想争也争不到。意谓有福气的人不需要着忙，而没福气的人却辛苦得要命。

有福同享，有难同当

说明一家人(或一帮人)同甘苦、共患难。

有福之人，不落无福之地

旧时指有福气的人会到有福气的地方去，不会无缘无故去那些没有好处的地方。意谓有福气的人总有好运。

有福之人人服侍，无福之人服侍人

旧时指有福气的人由别人来伺候自己，没有福气的人只好去伺候别人。

有理不打上门客

指即使再有理,也不会对上门道歉的人大打出手。意谓能饶人处旦饶人。

有理没理,先敲自己

说明发生争执时,先想想自己占不占理。意谓发生纠纷时,不管有理没理先教训自己人。

有理说不弯

比喻压力不能使有理的人屈服。

有了五谷想六谷,有了儿子想媳妇

说明人欲望满足之后,就会产生新的欲望。意谓人心无止境。

有奶便是娘

说明谁要是有奶,就认作是自己的亲娘。意谓谁给好处就投靠谁。常用来讥讽没有节操的人。

有其父必有其子

说明有什么样的父亲就有什么样的儿子。意谓儿子的行为或性格与他父亲的一样或相似。

有钱难买幼时贫

意谓幼时贫穷,可以锻练意志,激发斗志。

有钱难买子孙贤

说明子孙后代孝顺、贤良非常难得。

有勤无俭,好比有针无线

指只有勤劳但不节俭,生活也不会富裕,就好比只有针没有线,最终不能缝制衣服。意谓勤劳与节俭都很重要,缺一不可。

有肉的包子不在褶上

比喻真正有价值的东西或有真才实学的人不在于外表。

有上不去的天,没过不去的关

说明只要有决心,没有过不了的难关。

有麝自然香,不必迎风扬

指雄性体内能产生有香气的分泌物,即麝香。意谓有真才实学的人名气自然很大,不必自我宣扬。

有心不怕迟

指不要为某种想法产生得较迟而担心。意谓有了理想立即动手就有望成功。

有心不在迟

说明有心去办某事,不在意时间迟早,总能办成。

有一分热,发一分光

比喻有多大能力,便贡献多大力量。

有勇无谋,一事无成

说明敢作敢为但没有智谋,什么事情都办不成。

有志不在年高，无志空活百岁

指有志向的人不在于年龄的大小，若没有志向，即使活上一百岁也是白费。意谓人贵在有志。

有志者自有千方百计，无志者只感千难万难

指有志向的人自然会想出好多办法，没志向的人只会觉得困难重重。

有智不在年高

说明有智慧不在于年龄高低。意谓年轻人往往足智多谋。

有智赢，无智输

说明智慧的高低决定是否成败。

又吃鱼儿又嫌腥

意谓人既要得到好处又怕损失名声。也说明有些人想做事，却又怕给自己带来是非而不敢做。

右眼跳灾，左眼跳财

指迷信认为眼皮跳可卜吉凶。意谓左眼皮跳会有财气，右眼皮跳将会遇到灾难。

鱼怕水浅，人怕护短

说明人有了缺点、过错不思悔改或不促使其改正，还一味为自己或为其包庇，说明如同鱼儿遇到浅水一样面临困境。

愚者千虑，必有一得

说明愚蠢的人经过多次思考，一定会有所收获的。常用于表示自己水平不高的谦虚说法。

与其修饰面容，不如修正心胸

说明应该努力加强自身修养，树立远大的理想和抱负。

玉可碎而不可改其白，竹可焚而不可毁其节

意谓虽然可以损害身体甚至结束性命，但却改变不了高尚的品格。

欲要做佛事，须有敬佛心

意谓做好事必须有诚心。

远打周折，指山说磨

比喻说话拐弯抹角，不直接说明。

远水不救近火

说明远处的水救不了近处的火。意谓缓慢来的帮助解决不了眼前的困境。也说明迫在眉睫的问题需要马上处理，但远处的援助来得缓慢，因此对解决问题一无用处。

月过十五光明少

意谓人过中年，就难以做事。也说明人到中年已做不了啥事，就不容易有大的作为。因此劝人平时要珍惜光阴，多作贡献。

运至时来，铁树花开

说明人运气好的时候，再难的事也能办成功。

Z

宰相肚里撑舟船

意谓豁达大度的人,气量大,能容人。

崽卖爷田心不痛

说明子孙变卖祖辈的遗产不知珍惜。意谓不是创业人,就不知家业来之不易。

在生一日,胜死千年

说明活着总比死了好。

凿山通海泉,心坚石也穿

说明凿山不止,能凿透山引来通海的泉水。意谓人坚定信念,任何困难都能战胜。

早起三光,迟起三慌

说明许多事情都办好。意谓早起床,做起事来从容不迫;晚起床时间紧,做起事来慌张。

占小便宜吃大亏

指贪图小便宜往往会遭受大的损失。

战马拴在槽头上要掉膘,刀枪放在仓库里会生锈

意谓闲适安乐的生活会消沉人的斗志。

站得高,看得远

说明立足点越高,看得越远。意谓看问题目光要远大,不要只顾到眼前的利益。

张口是祸,闭嘴是福

说明祸是从口里出的,病是从口里入的。意谓慎言节食,自能免灾防病。

赵钱孙李虽强,还要拜周吴郑王

说明在百家姓排列的顺序中,"赵钱孙李"排在"周吴郑王"的前面。指在前面的还要拜见在后面的。意谓对人不分远近、强弱,都要谦虚有礼。

针尖大的窟窿,斗大的风

说明墙上有针鼻儿大的洞能吹进很大的风。意谓思想、生活或工作中的小过失不及时改正,不正之风就会乘虚而入,造成严重后果。也说明问题虽小,但造成的影响极大。

真人不露相,露相不真人

说明真正有本事的人不会表现自己,越是爱显露自己的人越不怎么样。

真人面前不说假话

说明在真人面前说假话会被揭露。意谓在阅历丰富的人面前不要说虚假的话。常用来表白自己讲的是真话。

真心对真心,石头变黄金

说明只要出于真心,再固执的人也会被感动。意谓彼此真诚相待,什么困难都能克服。

真心要吃人参果,哪怕山高路难行

说明决意要品尝到罕有的美味,再难走的路也不害怕。意谓为了达到目标,再大的困难也能征服。

争气不争财

说明争气比争财更重要,只要能争得一口气,花费一些钱财也值得。也说明人要争一口气,不要为钱财丧失气节。

争气发家,斗气受穷

说明奋发图强能使人致富,争气好斗会使人贫穷。

整瓶不摇半瓶摇

意谓有真才实学的人总是很谦让,越是知识浅浮的人越容易自足。

正气能驱魅,无私可服神

指光明正大能赶走妖魔鬼怪,刚毅正义能使神灵臣服。意谓正能压邪。

知错改错不算错

指能及时发现错误并改正错误的人,即使错了也没什么。

知人难,知己更难

了解别人不易,正确认识自己则更难。

知识在于积累,天才在于勤奋

指渐渐积累能丰富阅历,努力勤奋能造就人才。

知足不辱

说明懂得满足的人,不贪心,就不会遭到污辱。

知足的人心常乐,贪婪的人苦恼多

说明知道满足的人永远是快乐的,贪得无厌的人总是有很多烦恼。

知足身常乐,能忍心自安

指知道满足就会时常感到欢乐,能够忍让心里就会安宁。旧时用来告诉人知足能忍。

知足者常乐

说明知道满足的人能经常保持乐观的心情。意谓知道满足的人心情总是愉快的。

只可远望千里,不可近看眼前

意谓做事要有长远的眼光,不可只顾及眼前利益。

只怕不做,不怕不会

指不会的可以学着去做,怕的是会而不去做。

只说獐过鹿过,可不说麂过

意谓只说别人的过错,而不说自己的错误。

只要肯劳动,一世不受穷

说明只要肯吃苦,就能过上好日子。提醒人们勤劳致富。

只要苦干,事成一半

说明只要肯下工夫,事情的成功就有了一半的把握。意谓不论做啥事情,吃苦耐劳很重要。

只要先上船，自然先到岸

意谓行动早就能早达到目标。也说明只要提早行动，就能较早达到目的。

只要种子落地，早晚会有收成

指只要播下种子就会有收成。意谓无论做啥事情，只要付出了努力就一定会有收获。

只有冻死的苍蝇，没有累死的蜜蜂

说明只有因懒惰而饿死冻死的，却没有因勤劳而累死的。提醒人们勤劳务实，不要懒惰。

只有今日苦，方有明日甜

辛苦是收获的前提，今日的辛苦必定能换来明日的丰收。

只有千日做贼，哪有千日防贼

说明做贼的总是时刻寻找作案的机会，防贼的总有疏忽大意的时候。意谓难以彻底杜绝偷盗之事。

只增产，不节约，等于安了个没底锅

说明只重视增产而不节约，好比没底锅似的存不住东西。意谓节俭同样很重要。

指亲不富，看嘴不饱

说明指望亲戚救济不会变富，看别人吃饭自己饱不了。意谓人要自力更生，不能依赖他人。

志士不饮盗泉之水，廉士不受嗟来之食

盗泉之水，意谓用不正当的手段得来的财物。嗟来之食：指侮辱性施舍的食物。指耿直和廉洁的人决不接受不义之财与别人的施舍。

智慧的头脑，闪光的金子

指智慧犹如黄金。意谓遇事多思考比啥都可靠。

中间没人事难成

说明没有中间人参与，事情就难以办好。意谓不管做什么事情，都需要有人从中帮忙，才容易成功。

忠臣不怕死，怕死不忠臣

指忠心报国的臣子不会害怕死亡，贪生怕死的臣子不会为国牺牲。

终天不做生活计，住家吃尽斗量金

指在家坐享其成，即使家财万贯也终究会消耗殆尽。

种禾得稻，敬老得宝

说明栽下禾苗就会收获稻谷，尊敬长者便会得到宝贵的财富。

重孙有理告太公

比喻只要有理，辈分或地位低的人可以告辈分或地位高的人。

主意出在百人口，田地一步收三斗

说明大家一起想办法交流经验，庄稼就会长得好，获得大丰收。意谓众人的智慧是取得胜利的关键。

自己的梦自己圆

意谓自己的问题要由自己去解决。

自己跌倒自己爬

意谓失败了要振奋起来,有了过错要自我改正。

自家掘坑自家埋

意谓自食其果。

自推自跌自伤嗟

说明因自己的失误遭受了损害,只能独自去感叹。

自作孽,不可活

谓指自作自受。

纵有大厦千间,不过身眠七尺

说明人的需求有限,没有必要贪得无厌。

走不走留路,吃不吃留肚

意谓做事要留有余地,要给自己留好出路。

昨夜灯花爆,今朝喜鹊噪

俗指灯花爆放与喜鹊叫都是吉兆。比喻喜兆不断。

坐不改名,行不改姓

说明在任何情况下都不更改自己的姓名。比喻光明磊落,毫无畏惧。

坐不更名,站不改姓

说明做事敢作敢当,为人光明磊落。

坐吃山空,立吃地陷

意谓只支出没有收入,再大的家业也会吃光耗完。

坐得船头稳,不怕浪来颠

意谓只要行为端正、心底坦荡,就不怕任何外来的冲击。

做得矮人,才做得将军

意谓只有能忍受屈辱才能成就大事,要想成就大事就要能上能下。

做活不由主,白落二百五

说明替主人做事就要按主人的意见去办,否则就会使主人不满意,让自己白受苦。

做事留根线,日后好相见

指做事要留有退路,不可把事情做绝。

卷三　节气　天象　时令

A

暗室亏心,神目如电

古时候认为人暗中做的亏心事,神的眼睛就像闪电一样,会看得清清楚楚。意思是劝诫人不要做亏心事,否则有朝一日终会受到惩罚。

B

八月的蟹子盖儿肥

意指农历八月的螃蟹最肥美、香甜。

八月里,雁门开,雁儿脚下带霜来

指一到农历八月秋天就会来临。

八月十五大过年

意谓有些地方,中秋节比过年还要热闹。

八月暖,九月温,十月还有个小阳春

说明秋天的气候还算比较暖和。

百不为多,一不为少

指珍稀的东西,有一百件也不算多,有一件也不嫌少。比喻世上珍奇的东西很多,如果能多拥有自然是好事,但能有一件也是很幸运的事。

百里不同风,千里不同俗

风:这里指风俗。意思是各地风俗都不相同。也指各地的风俗习惯不同,告诫人们外出要入乡随俗,要尊重当地的习惯。

不吃奔牛酒,枉在江湖走

奔牛:地名,在今江苏武进县,名为奔牛塘,又叫奔牛堰,盛产美酒佳酿。指没有喝过奔牛镇酿的美酒,就可以说是白白在江湖上行走闯荡。也指奔牛塘所酿美酒甜美极佳。

不到长安辜负眼,不到两浙辜负口

长安:汉、隋、唐等朝代的都城,旧址在今西安市西北。两浙:浙东、浙西的合称。意思是不到长安去看看就对不起自己的眼睛,不到两浙去走走,就对不起自己的嘴巴。通常指长安景色宜人,两浙食物香甜。

不到春分地不开,不到秋分籽不来

春分、秋分:都是二十四节气之一。指只有过了春分才能种地,过了秋分才能收获粮食。

不到冬至不寒,不到夏至不热

冬至、夏至:均是二十四节气之一。指只有到了冬至寒冷才会到来,到了夏至才到了炎热的时候。

不结子花休要种,无义之人不可交

即指不结子的花不要种,无情无义之人不能与之交往。

不冷不热,五谷不结

只有气候冷暖更替,五谷才能生长成熟。

不怕虎生三只口,只怕人怀两样心

意思是老虎即便长出三张嘴,也并不可怕;如果和怀着两样心的人交往,那才是最可怕的。比喻外部的敌人再厉害,也不足为惧;如果内部人自乱阵脚,就太可怕了。

不怕你铜墙铁壁,只怕你紧狗健人

意思是偷东西的小偷,害怕的不是坚固的建筑设施,而是警觉性强的狗和健壮的看门人。

不挑秦川地,单挑好女婿

秦川:泛指今陕西、甘肃秦岭以北平原地带。意指挑选一个好的女婿比挑选一片好的平川地还要重要。

C

苍蝇专找臭狗屎

说明坏人专与坏人交往,经常干一些见不得人的丑恶坏事。

草青鱼儿新,草黄鱼儿壮

意思是野草发青时的鱼儿新鲜,野草发黄时的鱼儿肥壮。通常指春季鱼儿鲜嫩,秋后鱼儿肥壮。

草遮不住鹰眼,水遮不住鱼眼

比喻只要认真分析判断,就能透过现象,看到本质。

长安有贫者,为瑞不宜多

瑞:瑞雪。指大雪虽然兆丰年,但长安街头仍然还有很多吃不饱、衣不遮体的困难人,即使是瑞雪也不宜下得太多。同时也说明好事也有不利因素。

长不过五月,短不过十月

意思是在一年之中,农历五月白天时间最长,十月白天时间最短。

长虫咬一嘴,十年怕井绳

长虫:指蛇。比喻在某件上受过一次打击,再遇到同类事物,总会提心吊胆。

陈谷子,烂芝麻

比喻多年以前的琐碎小事。

吃多了蜜不知道甜

意指蜜虽然很甜,但吃多了也不感觉到甜。说明再好的事物,接触久了,感觉就会淡化。

吃多无滋味，话多不值钱

指吃得东西过多，就尝不出滋味，话语经过多次重复又没有新意，便一文不值。

池湖积水，四世不流

四世：三十年为一世，四世是约数，说明时间很长。指池塘湖泊里的积水，多年也不流动。

冲风之衰，不能起毛羽；强弩之末，不能入鲁缟

冲风：凶猛的大风。弩：利用机械力量来射箭的弓。鲁缟：山东生产的一种薄的白色丝织品。指冲风力量衰退后，连羽毛也刮不起来；强弩射出箭的末势，连很薄的鲁缟也穿不透。比喻再强大的力量，锐气消减之后，也就无能为力，不堪一击。

重阳无雨一冬晴

重阳：农历九月九日为重阳节。古时认为重阳节那天不下雨，则整个冬天雨雪都不会充足。

出山进山一条路，不走山口无路行

意思是白云山只有一条路，进山、出山都必须经过南山口。

初出日头暴出世

暴：刚。指刚出生的婴儿同初升的太阳一样，朝气蓬勃。

初伏浇，末伏烧

指入伏这天下雨了，预兆末伏将有大旱情。

初三月下有横云，初四日里雨倾盆

意思是初三这天，新月下面有黑云横截，预兆初四白天会有倾盆大雨。

初雪早，终霜早

指入冬初雪来得早，预示第二年开春后停霜的时间也早。

初一初二不见面，初三初四一条线，初五初六月挂钩，初七初八月露半，十五十六月儿圆

意思是每月农历初一、初二还看不到月亮，初三、初四月亮刚露出一点儿，像一条线；初五初六月形如钩状；初七初八月亮成半圆形；到了十五、十六，月亮就圆了。比喻月有阴晴圆缺是自然规律。

础润知雨，月晕知风

础，就是垫在房柱下面的石头。指础石润湿，就知道天将要下雨；月亮出现晕圈，就知道将要刮风。

船过大悲口，盐方是你的

大悲口：地名，在今四川省巫溪县境内，溪心有两巨石相对，水流湍急。指船驶过了大悲口，船上装的盐才算是货主的。也指大悲口水势险恶，航行艰难，船只时常遇险沉没。

创业难，创业难，创成事业如登山

指创业非常不容易，事业有成就像登山一样艰难。

吹啥风，落啥雨

指风雨同调，风猛雨猛，风长雨长。

吹一日南风，还一日北风

意思是刮过南风之后就会刮北风。指自然界的风雨是一来一回的。比喻社会事物是一还一报的。

春不刮，地不开；秋不刮，籽不来

指春天不刮风，大地就不会解冻；秋天不刮风，庄稼就不会长熟。

春打六九头，穿吃不用愁

春指立春。六九即从冬至起向后推算的第六个九日。倘若立春正巧在六九的第一天，就预示着当年是一个丰收年。

春分分芍药，到老不开花

春分指二十四节气之一。如果春分时候分株种植芍药，芍药到老也不能开花。

春风不刮，杨柳不发

意思是不经春风抚育，杨树、柳树都发不了芽，生长不了。

春风吹破琉璃瓦

春风能把刚硬的琉璃瓦吹坏。指春天的风依然寒冷有力。

春风踏脚报

踏脚报，指跑腿报信的人。意思是春风就像报信人，到处传报一样，不停地转变风向。

春寒多雨水

如果春天寒冷，预兆当年雨水就会增多。

春落雨到清明

如果立春那天下了雨，直到清明时候雨水都会非常多。

春天不生产，秋后白瞪眼

即指春天如果不播种的话，秋后将一无所获。

春天后母面

后母，指继母。春季的天气就像继母的脸色一样，喜怒无常。变化多样。

春天误一晌，秋天误一场

意思是春耕时光非常可贵，如果耽误了一晌，到了秋天将会少收一场庄稼。

春捂秋冻

意谓春天温度不稳定，不要及早脱掉冬衣，以防受凉感冒；秋季不要急于加穿棉衣，多冻一冻，能增加耐寒力。

春雾花香夏雾热，秋雾凉风冬雾雪

意指杭州、绍兴一带春天下雾后天空会放晴，夏天下雾后天气会格外闷热，秋季下雾后凉风四起，冬季下雾后天就会下雪。

春夏东南风，不必问天公

指春夏两节刮东南风一定下雨，没必要问老天爷。

春蟹夏鲎秋翅冬参

鲎：生活在海洋中的节肢动物。指春季的螃蟹、夏季的鲎肉、秋季的鱼翅、冬季的海参，味道鲜美，营养价值高。

春雨贵如油

指农业生产在春天急需春雨，但北方一般很少下，十分可贵。

春扎骨头秋扎肉

指春天河里的水，冰冷刺骨；秋天河里的水，只是皮肉上感觉水凉。

春争日，夏争时

意谓春耕播种，一天半天也不能耽误，夏季田间管理更为紧急，差一晌半晌，收成就大不一样。

从来好事不坚牢，彩云易散琉璃脆

形容好事往往不会时间长，像彩云一样稍纵即逝，如琉璃一样容易破碎。

促风暴雨，不入寡妇之门

指哪怕遇到急风暴雨，也不能到寡妇家去躲避。也指私人寡妇家中，容易招来是非。

翠潴芙蕖薄水涯，儒冠道服僧袈裟，红花白藕青荷叶，三教原来是一家

翠潴：青翠的积水。芙蕖：荷花。指儒、道、释三教就像荷花、荷叶和藕一样是相得益彰的。

D

打鱼人盼望个天气，庄稼人盼望个好收成

渔民要出海打鱼，总盼望有个好天气，农民辛劳耕种，总希望有个好收成。

大地开花，垄沟摸虾

意指大地春暖花开时，可在田垄水沟中捉到鱼虾。

大风刮不多时，大雨下不多时

指狂风暴雨不会维持很久。也比喻特殊情况维持不了多长时间。

大寒一场雪，来年好吃麦

大寒：二十四节气之一。大寒这天下雪，小麦就会生长的好，来年会有好收成。

大旱不过五月十三

意思是天再旱，不会旱过农历五月十三日。旧指五月十三日有一场关公磨刀雨是一定要下的。

大麦亮芒，小麦发黄

大麦长出麦芒的时候，小麦已经发黄。

大暑小暑，灌死老鼠

大暑、小暑：节气名。指在大暑小暑期间雨水很多。

担轻好过岭

如果担子轻，走山路就不费劲。比喻承担的事务少，自会有一种轻松感。

到乡随乡，骑马随鞍

指到哪个地方就要适应哪个地方的风俗习惯。

滴水成河，积米成萝

形容积少可以成多。劝人要珍惜小的东西。

滴水成河,积少成多

指一滴滴的水可以汇聚成江河。说明大数量是由无数小数量汇合成的。

地和生百草,人和万事好

意思指天地人事,和为第一。

地上跑的数狗,天上飞的数斑鸠

斑鸠:一种鸟。指味道最美的,走兽中数狗肉,飞鸟中数斑鸠。

典账买黄鱼

典账:指用东西作抵押借钱。黄鱼:也称石首鱼,头大尾窄,身体侧扁。指宁愿典账,也要吃黄鱼。形容黄鱼味美诱人。

钓鱼比吃鱼舒服

比喻人在精神上的享受,往往比物质上得到满足更舒服。

钓鱼凭竿,捉雀凭筛

意思是钓鱼离了竹竿不行;捉雀离了竹筛不行。说明不论干什么事都必须有得心应手的工具。

东北三件宝:人参、貂皮、乌拉草

人参:为东北三宝之首,以吉林人参最佳。貂皮:一向被人视为保暖珍品,只产在东北。乌拉草:也是东北才有的植物,主要用于做乌拉鞋。这种鞋在寒冷地区踏雪过冬十分管用。

东风急,披蓑笠

蓑笠:草编的雨衣和竹编的雨帽。意思是东风刮得紧,雨天很快就要来临。

东鲎日头西鲎雨

鲎:虹。东边天空出现虹,预示晴天来临;西边天空出现虹,预示雨天来临。

东驴西磨,麦城自破

意指湖北当阳一带有驴城、磨城、麦城。只要攻下了东面的驴城和西面的磨城,麦城就会不攻自破。

东明西暗,等不到撑伞

即指天空东面变亮,西边变暗,预兆大雨即将来临。

东闪日头西闪雨,南闪乌云北闪风

指东面闪电,天晴;西面闪电,下雨;南面闪电,天阴;北面闪电,刮风。

冬不冷,夏不热

意指冬天如果不冷,夏天就不会热。言外之意,冬天要冷,夏天要热,这是气候正常的表现。

冬东风,雨太公

指冬季里如果刮起东风,就会不停地下雨下雪。

冬冷不算冷,春冷冻煞鹦

意思是冬季寒冷,是正常现象;春天寒冷,会酿成灾害。

冬凌树稼达官怕

树稼:指雪雨受冻在树上凝固的晶体。达官:朝廷贵官。古时认为冬凌树稼出现，是达官贵族遭灾遭祸的征兆。

冬前不结冰，冬后冻杀人

冬：指冬至。冬至节前若不见结冰，冬至节后天气就会非常冷。

冬三天，年四天，清明要过十二天

意思是在我国各别地方，冬至节、清明节和春节一样过得非常隆重。

冬天戴棉帽，胜过穿棉袄

冬天在室外戴顶棉帽，对人体能起到保温的功效。

冬夜的黎明觉最甜

意谓冬夜黎明时候，人们最舍不得被窝的舒适。

冬至长于岁

长：大。指在民间习俗中，冬至节在排序上比过大年还重要。

冬至未来莫道寒

指最寒冷的时候要算冬至以后的三九、四九，冬至节以前天不算是最冷的。

冬走十里不明，夏走十里不黑

意思是冬天夜长，天亮得晚；夏天昼长，天黑得晚。

冻不死的葱，饿不死的僧

指葱耐冻，再冷的天也冻不死；和尚到处能化斋，此处闹饥荒便到别处。

侗不离酸，汉不离官

侗：侗族，我国少数民族之一，在贵州、湖南和广西均有分布。指侗族人喜欢喝酸汤，汉族人喜欢当官。

都说十五月亮好，一夜不如一夜圆

比喻事物在最美好的时候，也就是开始走向衰败的时候。

队伍怕水不怕山

意指行军时怕水阻拦，再高的山也能爬过去。

E

恶风尽日没

恶风：指暴风。暴风刮到太阳落山时便会停止。

恶犬护三村

意谓凶恶的狗能看护很多户人家。

耳朵朝前照，不是骑马便坐轿

迷信观点认为，双耳竖起来向前的人，将来一定会有福享。

洱海水不会倒流，人死不能复生

洱海：湖名，在云南省大理、洱源两县市间，以湖形如耳得名。指人死了不可能复活，就像洱海的水不可能倒流一样。

二八月，乱穿衣

指农历二月和八月是气候冷暖不定的季节，人们穿衣有厚有薄，没有规律。

二月二，龙抬头

指农历二月初，气温逐渐变暖，冬眠的动物开始苏醒慢慢出来活动。

F

贩马贩马，四处为家

意思是贩马的人常年四处奔波，风餐露宿，四海为家。

芳槿无终日，贞松耐岁寒

芳槿：芳香的木槿花。意指芳槿虽然香而好看，但它朝开暮落，连一天也坚持不了；坚贞的松树，虽不好看，但它四季常青，在寒冷的冬季也不凋零。通常用来教育做人要像松树一样永立不败之地，不要像槿花那样显贵一时。

焚林而畋，明年无兽；竭泽而渔，明年无鱼

焚：烧毁。畋：打猎。泽：聚水的地方。指为了打猎去烧毁树林，捕兽虽然多，可明年山上就不会再有野兽；为了捕鱼而抽干河水，捉鱼固然多，可明年塘泽就再没有鱼了。形容过度征税，税源就会枯竭。

风不摇，树不动

不起风，树就不会摇动。说明事出必有原因。

风不扎脸就算春天

指风从脸上刮过不觉寒冷，说明已经进入了春天了。

风吹弥陀面，有米弗肯贱；风吹弥陀背，有米弗肯贵

指风从南面吹来，无雨，米价上涨；风从西北吹来，主雨，米价下跌。也指冬天刮西北风，来年会丰收。

风从地起，云自山出

古代认为风生成于地，云形成于山。

风从虎，云从龙

比喻同类事物会互相感染，互相附从。

风大要伴岸走，浪急要落篷行

意谓行船遇到大风要靠近岸边，水急浪高要落下船帆。

风儿无翅飞千里，消息无脚走万家

意谓消息口口相传，会很快宣扬出去，无脚也能走万家。

风后暖，雪后寒

指寒风过后，气温会变暖回升；大雪之后，雪化吸收热量，寒气更加逼人。

风急雨落，人急客作

客作：给他人干活挣钱。指风刮急了定有雨落，人穷困时就会不择职业。

风急雨至，人急智生

意思是风势急促，立刻就会下雨；人到着急处，会立即产生解决办法。

风沙一响，地价落三落，粮价涨三涨

即指在沙漠一带，由于风沙的破坏性极大，使得地价跌落，粮价上涨。

风灾一条线,水灾一大片

指遇风灾时,受灾区成线状;遭遇水灾时,受害区则是形成一片。

蜂虿垂芒,其毒在尾

虿:蝎类毒虫。芒:刺。蜂、蝎类的芒刺垂下时,毒就在尾部。指蜂、蝎尾部的毒量大。

逢山有盗,遇林藏贼

古时候认为山林中常常隐藏坏人。告诉人们遇到山、林要严加防范,提高警惕。

凤凰飞上梧桐树,自有旁人话短长

意思是发生了一件意想不到的事情,人们免不掉闲说是非。

父要子亡,不得不亡

古时候观点认为儿子要绝对服从父亲。

富贵草头霜

草头霜:草叶上的水珠儿。形容富贵不会长久。

富贵香饵抛将去,哪有鱼儿不上钩

比喻拿着富贵作为香饵来引诱别人,没有不去卖命的。

富跑京,穷跑陕,死逼无奈下关东

意谓生活条件不同的人,到不同的地方去谋生,最受苦极致的是去关东。

G

高鸟相良木而栖,贤臣择明主而佐

即指高飞的鸟看到好的树木才在上面栖息,贤良的臣子遇到圣明的君主才为辅佐。

隔山不算远,隔河不算近

指隔山可以很容易爬过去,隔河却很难绕过去。也指古代隔河比隔山交通更不便。

各处各乡俗,一处一规矩

说明各地有各地的风土民情,乡规村约。比喻各地的风俗习惯和规矩都不一样。

狗肉好吃名声丑

指狗肉味美但不名贵。

狗要吃屎,沙糖换弗转

弗:不。形容人要做坏事,别人怎样劝阻也无济于事。

瓜见花,二十八

指瓜秧开花后二十八天,就可以见到果实。

官不偶,遇冀部

不偶指机遇不好。冀部:古时的冀州,包括现在的山西、河北西北部及河南北部等地,汉以后辖地渐小,仅有河北、河南北部。指冀人多强悍,难于驯服。也指到冀州去做官,实在是机遇不好,官运不佳。

鹳鸟仰鸣晴,俯鸣雨

鹳:鸟类的一种,与白鹤相似,常年生活在水边,吃鱼虾为食。意谓鹳鸟抬起头来叫,预兆天晴;低下头叫,预兆天要下雨。

光阴荏苒,日月不等人

荏苒,指时光渐渐流走。意谓时光流逝是不以人的意志为转移的。

光阴似箭,日月如梭

形容时光飞逝就像射出去的箭一样快,日月交替就像织布时来回的梭。说明时间过得很快。

鬼门关,十人九不还

鬼门关:古关名,在今广西北流县西,古代为通往钦、廉、雷、琼和交趾的交通要地,因多瘴疠,过关的没有几个人能活着回来。

贵人出门招风雨

古代认为贵人外出常常碰到不好的天气。

贵州没天理,十里当五里

形容贵州山多,计算里程都不准确,看起来离得很近,走起来却很远。

桂林山水甲天下,阳朔山水甲桂林

说明天下的景色数桂林最美,桂林的景色数阳朔宜人。

鳜鱼易得,活的难求

鳜鱼:生活在淡水中的比较名贵的鱼。指活的鳜鱼味鲜美,但不易得到。

锅边馒头嘴边食

形容非常容易便可获得。

过得牯牛抄石滩,寄书归去报平安

牯牛抄石滩:即牯牛石,在广东英德县南真阳峡中。指牯牛抄石滩水流湍急,十分危险,船只通过之后,才算平安。

过了八达岭,征衣添一领

八达岭:为军都山山峰,在北京市西北延庆县南。指往北过了八达岭,气候变冷,出征的军人要添军衣。

过了冬,长一针;过了年,长一线

冬:冬至,二十四节气之一。这一天北半球白天最短,夜间最长。年:大年,春节。指冬至一过白天就变长了,过了大年白天就更长了。

H

海上飘白云,海底藏黄金,只要海不干,龟虾便成群

意思是海洋是取之不尽、用之不竭的宝贵资源。

海蛇怕火龙,大鱼怕锦鸡

意指在自然界中,一物降一物,相生相克是普遍的自然规律。

寒霜偏打独根草

意谓灾难偏偏降临在最弱小或孤苦无依的人身上。

寒在五更头

五更头：旧时一夜分为五更，每更大约两小时。五更头，指第五更刚开始的时候，就是黎明前。说明一夜最冷的时候是黎明前。

好花还得绿叶扶

好花虽然美丽，还须要绿叶来衬托。比喻英雄好汉也得有个助手。

好马不用鞭催

指良马上路会自觉奔驰，根本不用主人加鞭催促。通常比喻行动自觉的人，不须别人督促。

好女不砍柴，好男不放排

古时认为女子砍柴、男子放排都是非常危险的事。

好天也得防阴雨

比喻日子平安时，也应该有忧患意识，防范出现坏的事情。

荷花出水才见高低

说明荷花尚未露出水面难以知其高低。比喻事情还没有结果，不可过早下定论。

和尚有本经，道家有本忏

忏，指道士念诵的经书。指三教九流都有各自的章规法典。

河水打圈，鱼虾成串

形容鱼虾喜欢聚集在河湾处游动。

河水炖河鱼，撑破你肚皮

指用河水炖河鱼，味道鲜美无比，永远吃不够。

河鱼跳，大雨到

说明鱼跳出水面，是大雨将要来临的征兆。

河中无鱼虾也贵

意谓没有最好的，次的也显得珍贵。

黑云黄梢子，过来带刀子

黑云黄梢子指黑云的边沿附着黄云。黑云黄梢的天气是冰雹来临的预兆。

红花开，幸福来

红花特指一品红，是一种观赏植物，在枝顶部开花。旧指一品红开花，就会给人带来快乐和幸运。

红牛黑牛，能曳犁的都是好牛

意思是不需要讲究外在样式，只要效果好就可以了。

虹挂东，一场空；虹挂西，雨弥弥

特指下雨后彩虹在东，表示没雨，彩虹在西，表示有大雨将至。

呼牛应牛，呼马应马

意谓别人想叫什么就答应叫什么，一切听其自然没有主张。

湖里有一百种鱼，渔家就有九十九种业司

业司是方言，指措施或方法，渔民对每一种鱼都有不同的捕捉措施和办法。

湖区出好谷，山区有好屋

意思是湖区浇灌得利，稻谷长得丰盈；山区木材富饶，房屋盖得结实。

湖水好测，人心难猜

指人的心理活动是很难琢磨、最难洞悉的。

花开必落，月圆必缺

花开了就会凋落，月圆后必定残缺，意谓顺应规律物极必反。

花开花谢自有时

花开、花落各自有一定的规律。旧喻人有春风得意的时候，也有垂头丧气的时刻。

花可再开，鬓不可再绿

花凋谢枯萎了还可以再开，人年岁大了却不能永葆青春。指人不可能时光倒流，回到从前。

花落花开自有时

花落花开都有固定的时候，意谓人的幸运指数都是命中注定的，无法让人自己控制。

花有花妖，木有木怪

旧时意指草木万物都有它的灵魂和生命。

话经三张嘴，长虫也长腿

长虫也就是蛇的俗名。指话经数人传说，就会失去本来面目。

黄河百害，只富一套

意思是黄河由于流经黄土高原，挟带大量泥沙，经常给下游人民带来灾害。但在河套地区，河段水流缓慢，两岸沟渠纵横，农业发达，瓜果飘香，六畜兴旺，有“塞上江南”之称。指旧时黄河时常泛滥成灾，只有河套地区才能免受灾害。

黄昏兽入山，日落鸟归林

意指禽兽到了黄昏时分都回到自己的窝巢。

黄梅天，十八变

指黄梅季节，天气忽晴忽阴，变化多样。

黄梅雨未过，冬青花未破；冬青花已开，黄梅雨不来

冬青：常青乔木，夏天开小花。指梅雨季节到来时，冬青大多不开花，若开花，即是旱兆，梅雨便停。

黄云雨多

意谓黄云是暴风雨来临的预兆。

J

鸡蛋没有两样，倮倮不分两家

倮倮：指分布在四川的少数民族。指倮倮族人团结一致，不分你我。

既到灵山，岂可不朝我佛

灵山：印度的灵鹫山，相传释迦牟尼曾在此讲经。说明到了灵山，就一定要朝拜佛祖。也指到了一个地方不能不拜见主人。

夹雨夹雪，无休无歇

指雨夹雪的天气，天很难放晴。

家屋养壁虎，蚊蝇夜夜除

指壁虎善于捕捉蚊蝇，有了它，蚊蝇就跑不掉了。

拣日不如撞日

拣日：挑选好日子。撞日：碰到哪天就哪天。指办事先选择好日子，不如碰到哪天就哪天办。言外之意说明挑选日期还不如碰巧遇上的日子吉利。

江阴莫动手，无锡莫开口

古时候有江阴人善拳、无锡人善歌的说法，所以告诫人到了江阴不要动手打架，到了无锡不要开口唱歌。

胶翁潍母，无媒不成

胶：胶河，即新河；潍：潍河；媒：媒河。三条河都在今山东省境内。意思是胶河与潍河是通过媒河才流到一起的。

节令不饶人

节令：指一年二十四个节气的气候和物候。饶：饶恕宽容。意思是节令不会宽容不根据气候变化规律从事农业活动的人。

今年雪盖三层被，明年枕着馒头睡

在我国北方头年冬天能下场三尺厚的雪，下一年小麦就能大丰收。

金马门外聚群贤，铜驼街上集少年

金马门：汉代宫门名，学士等候皇帝接见的地方，门前有铜马，因此而得名。铜驼街：汉代洛阳一闹市区，因有二铜驼而得名。意思是金马门外聚集着许多等待召见的文武官员，铜驼街上聚集着众多的少年游客。也指东汉京城洛阳人物荟萃，市井繁华。

金山屋裹山，焦山山裹屋

金山、焦山：位于江苏镇江市，是著名风景区。指金山龙游寺，绕山建屋，所以叫“屋裹山”；焦山的建筑多隐于山中，所以称“山裹屋”。

金张掖，银武威，秦十万

秦：秦州，就是现在的天水市。张掖、武威、天水等市在甘肃境内。意思是张掖、武威、天水是甘肃省最富足的地方，尤以张掖为最。

九九八十一，家家做饭坡里吃

九九八十一：意思是从冬至算起每九天为一“九”，总共八十一天。节令过了九九，春耕开始，农家为赶节令，只得在地里吃饭。

九日雨，米成脯

脯：干肉。米成脯：米像干肉一样值钱。意思是如果重阳节那天下雨，整个冬春就会多雨，来年收成就不会好。

九月九，蚊虫叮石臼

九月九：指重阳节。叮石臼：连石臼也敢叮。意思是秋后的蚊子非常厉害。

九月冷，十月温，秋底下还有个小阳春

意谓天气到了秋后，往往还有一段气温回升的时间。

久晴必有久雨

旱的时间长了，必然会转为长时间下雨。

京油子，卫嘴子，保定府的狗腿子

卫：明代驻兵的地方，这里特指天津。保定：河北省的一个城市。古时北京城很多油滑的人；天津城许多会耍嘴皮子的人，保定府给人当差、善于逢迎的人很多。

居就粮，梁水鲂

居就：地名，以产粮著称，在辽宁省辽阳县西南。梁水：河名，在辽宁省东部，出产的鲂，肉厚味鲜。鲂：淡水经济鱼类。古时候指居就是以产粮著称，梁水是以产肉厚味鲜的鲂鱼闻名。

聚少成多，滴水成河

积少就能成多，一点一滴的水可以汇聚成河。

军有头，将有主

说明任何地方都有带头的人。

K

开门风，闭门雨

开门风：清早刮的风。闭门雨：黄昏下的雨。是说清早刮风，会越刮越猛烈；黄昏下雨，会持续不断，难以放晴。

靠山采薪，居江食鱼

意思是靠近山居住就要砍山上的柴，临着江居住就要吃江里的鱼。

靠山吃山，靠山养山

意思是挨着山区生活的人要凭借山区的物质资源来养活自己，同时也要爱护和建设山区。

快雨快晴

是说只要是雨势来得猛烈，那么雨停、天气放晴也快。

狂风不竟日，暴雨不终朝

是说狂风、骤雨总有停息的时候。说明困难的境地总会改变。

L

腊鼓鸣，春草生

腊鼓：腊日是指夏历十二月初八，又称为腊八。这一天有击鼓驱瘟的风俗习惯。意思是腊鼓击响之后，草开始萌发。

腊七腊八，冻掉下巴

腊七腊八：即农历十二月初七初八，是一年中最寒冷的日子。是说腊七腊八这两天非常冷，要注意防寒防冻。

腊天一寸雪,蝗虫入地深一尺

是说腊月天下雪能够消灭蝗虫。

腊雪培元气

是说腊月下的雪能够培植麦根,对小麦生长有利。

腊雪是被,春雪是鬼

意思是立春前下雪,有利于农作物;立春后下雪,有害于农作物。

腊月冻,来年丰

意思是腊月天气寒冷,能够把害虫杀死,对来年庄稼丰收有利。

腊月有三白,猪狗也吃麦

三白:比喻下雪多。意思是腊月里多下几场雪,是来年小麦丰收的预兆。

腊月有雾露,无水做酒醋

指腊月雾气多,是来年天气干旱的征兆,就连酿酒做醋的水都没有。

老鲤斑云障,晒杀老和尚

老鲤斑云:学名高积云,云状如同鲤鱼的鳞片。是说天空弥漫老鲤斑云,预示着来日是个酷热天。

老勿入川,少勿入广

意思是老年人不宜去四川,年轻人不宜去广东。是说旧时四川交通不发达,老人行动不方便;广东有麻风女,能勾引青少年。

老乡见老乡,两眼泪汪汪

意思是同乡人在异地相遇,会感到非常亲热。

浪从风来,草从根来

水里的波浪是因风掀起的,地中的草木是由根而生的。说明事情的发生总有前因后果。

雷高弗雨

弗:不。是说高处打雷不会落雨。

雷公不打笑脸人

是说再厉害或是再不讲理的人,也不会打笑脸相迎的人。

雷公先唱歌,下雨也不多

是说过早打雷,不一定会下雨,即使下雨也不会大。

雷鸣不合酱

合酱:酱馅做好后,佐料汤汁,搅拌均匀,放置在烈日下曝晒。说明合酱需要火热天气,最忌雷雨天。

冷在三九,热在三伏

三九:即冬至节后第三个九天,为一年中最寒冷的时候。三伏:即初伏、中伏、末伏,是一年中最炎热的时候。是说一年四季中,三九天最为寒冷,三伏天最为炎热。

离家三里远,别是一乡风

形容各地风俗习惯不一样,即使相隔不远,也会是另一种习俗。

立春日暖，冻杀百家卵

立春这天天气晴暖，则表示冬天天气会很寒冷。

立夏不下，田家莫耙

立夏那天不下雨，预兆天气干旱，农家不需要平田整地。

立夏晴，蓑笠满田临；立夏雨，蓑笠挂屋柱

是说立夏日晴，预兆雨水偏多；立夏日雨，预兆雨水稀少。

立夏三朝开蚕党

三朝：三天。蚕党：即育蚕人，这里指育蚕。是说立夏三天后开始养蚕。

利不百，不变法；功不十，不易器

是说利益不到百倍，不变更法令；功效不达十倍，不改换工具。是旧时抵制变革的一种借口。

连阴雨，泛泡泡

指下雨时，雨点打在积水上，积水泛起水泡，表示下雨会持续一段时间。

梁园虽好，不是久恋之家

旧梁园：故址位于今河南省商丘市以东，是汉代梁孝王为接待天下宾客而建造的一座大花园。是说梁孝王好客，广结天下友，对来者都以礼相待。表示在他乡作客尽管不错，然而他乡终究不是久恋之地，必须得离开。

亮一亮，下一丈

一丈：形容雨量非常大。是说久雨之后，天色忽然明亮，预兆还有大雨。

林无静树，川无停流

森林里没有不晃动的树木，江湖里没有静止不动的水流。说明世间万物总是在不停地运动着。

林中不卖薪，湖上不鬻鱼

鬻：卖。意思是树林里不卖柴火，湖水边不卖鱼虾。也用来形容东西多了，人们便不觉得稀奇。

临淄出古物

临淄：旧县名，春秋战国时为齐国都城，现属于山东省淄博市。意思是临淄以出土上古代文物而闻名。

六月的日头，后娘的拳头，媒人的舌头

是说夏历六月的太阳晒得最厉害，如同后娘责打非亲生的孩子、媒人骗人一样狠毒。

六月的天，小孩的脸

是说夏历六月的天气阴晴不定，如同小孩的脸一样说变就变。

六月盖夹被，田里不生米

是说夏历六月持续出现低温天气，地里的庄稼就没有收成。

六月六，看谷秀

秀：指农作物抽穗开花。是说夏历六月上旬就可以看见谷子抽穗开花。

六月有迷雾,要雨到白露

六月里下雾,预兆天气一直要旱到白露之后才会下雨。

灵鸟择木而栖,智士见机而作

作:行动。比喻有灵性的鸟挑选好的树木栖息,聪明人选择合适的时机行动。

龙下三泷,舟楫莫当

泷:指湍急的水流。三泷:是说江西、赣州、龙下三处湍急险滩。表示龙下"三泷",船只很难通行。

龙行熟路

说明夏季龙卷风带来的雷阵雨时常在固定的地方下。

龙行云,虎行风

指龙行动的时候会产生云,虎行动的时候会产生风。表示事情发生之前,总会有预兆。

露结为霜,雨结为雪

说明气温降到零度以下,地面的露水能够凝结成霜,空气层中的水蒸气能够凝结成雪。

庐山戴帽,平地安灶;庐山系腰,平地安桥

戴帽、系腰:代指山头或半山腰起云雾。是说庐山顶上起云雾,预兆天气晴朗,能够安置炉灶;庐山半山腰云雾缭绕,预兆大雨将要来临,就是平地也得搭桥。

鸬鹚不打脚下塘

鸬鹚:即鱼鹰,栖息于河、湖、海滨,擅长潜水捕食鱼类。也比喻鱼鹰不捕食栖息之处的鱼类。

鹭鸶相逐成胎

说明鹭鸶鸟雄雌追逐,便能够让雌鸟受孕。

洛阳多钱郭氏室,夜月昼星富难匹

郭氏室:汉代郭况的家。是说洛阳钱财最多的要数郭况,其富无人能敌,所藏珠宝就像天空夜星那样闪闪发光。

M

马无头不行,鸟无翅不飞

意思是马没有头就不能前行,鸟没有翅膀就不能翱翔。形容不管做什么事情,都要有带头的人。

蚂蚁搬家,天要下雨

意思是蚁群纷纷出洞,向高处迁移,预兆即将降雨。

蚂蚁作坝必下雨

意思是蚂蚁出洞垒土,预兆天气一定会降雨。

麦高于禾,风必吹之;人高于群,众必推之

意思是人旦凡出了名,就会惹来各种麻烦,如同麦子长得过高,就会被风吹刮倒伏一样。

麦过芒种根必死

意思是麦子过了芒种这个时节就不再生长了。

麦收三月雨

意思是春天降雨多，麦子就能获得丰收。

麦秀风摇，稻秀雨浇

麦秀：麦子抽穗开花。意思是麦子抽穗开花时最好有风，稻子抽穗开花时最好有雨。

蛮子穷在球上，鞑子穷在头上

蛮子：旧指代汉人。鞑子：旧指代蒙古人。是说旧时汉人把钱花在玩弄女人上，而蒙古人则把钱花在拜佛上。

瞒鬼瞒神，瞒不过雷公

是说已经做了的事情，是不管怎么样都瞒不过去的。

满天星斗光乱摇，或风或雨欲连朝

连朝：连日。说明满天繁星闪烁不定，预兆风或雨将接连不断。

猫喜月

是说猫儿喜好在月亮下玩耍。

没毛鸟子天照应

意思是羽毛还没有丰满的小鸟，得依靠老天照顾。形容无人抚养的孤儿得靠老天爷护佑。

梅花优于香，桃花优于色

是说梅花好在香气浓郁，桃花好在色泽艳丽。表示世间的人或物都难以兼备所有的优点。

梅里雷，低田坼合龟

梅里：即梅种后、夏至前的黄梅天。坼：开裂。龟：天旱开。意思是梅雨时节响雷，预示雨多，使干旱晒裂水涝。

梅里勿落时里落

梅里：指芒种后、夏至前的黄梅天。时里：夏至后半月，也称为“时中”。意思是黄梅天雨水较少，那么夏至后雨水就较多。

梅里西南，时里潭潭

意思是黄梅天吹西南风，则夏至后有大雨。

梅里一声雷，时中三日雨

意思是黄梅天里雷声响，预示夏至后有阴雨天。

美女嫦娥不如床头的黄脸婆

意思是美貌的天仙也没有自家的丑老婆好。

猛雨连三场，龙行旧道儿

是说夏天雷阵雨，通常在原来的地方接连下三场。

蠓虫飞过都有影

蠓虫：蠓科的昆虫。说明人做过的事情，总会留下踪迹。

米脂的婆娘安塞的汉

米脂：县名，位于陕西省东北部，无定河中游。安塞：地名，位于陕西省北部，延河上游。是说米脂的女人长得漂亮，安塞的男人长得俊美。

蜜溪水，神潭茶

蜜溪：江西省溪水名。神潭：潭水名。意思是蜜溪的水甘甜爽口，神潭边种的茶香美。

庙里猪头是有主的

形容人或事物已有归属。

民无二王，天无二日

比喻老百姓没有两个君主，如同天空没有两个太阳一样。

命运低，得三西

三西：即山西、江西、陕西，旧时人穷地薄，经济落后。旧时指到"三西"地方任官不能够中饱私囊。

门前插柳青，农夫休望晴；门前插柳焦，农夫好作娇

休：休想。作娇：得意的模样。意思是清明时节时插的柳枝泛青，预兆雨水多；插的柳枝枯焦，预兆风调雨顺。

牡丹不带娘家土

娘家：这里指代牡丹移植前生长的地方。是说移植牡丹，要把根部泥土洗净，方可以开花。

牡丹为花王，芍药为花相

意思是牡丹、芍药是花中魁首。

木有蠹，虫生之

蠹：蛀蚀，损害。是说木头腐烂了，就容易生长蛀虫。形容人本身有了弱点，就会被人利用。

N

难拜年，易种田

意思是过年时下雪，尽管人们拜年不方便，但对农作物有很多好处，有利于种田。

南海的天，孩子的脸

意思是南海的天气，如同孩子的脸，说变就变。

南甜北咸，东辣西酸

意思是我国东西南北各地百姓的饮食习惯。说明各地人对食品的味道喜好不一样。

闹热冬至冷淡年

是说旧俗冬至大如年，比春节还隆重。

嫩草怕霜霜怕日,恶人自有恶人磨

是说嫩草怕霜煞,霜怕日晒;作恶的人自有比他更恶毒的人来制服他。

能吃飞禽一口,不吃走兽半斤

意思是飞鸟的肉比走兽的肉要好吃得多。

能隔千山,不隔一水

旧时水上交通非常不便,山行尽管艰难,但早晚也能够到达;一水相望,却难于相通。

年年防旱,夜夜防贼

是说旱灾年年会有,盗贼也夜夜会有,应该提高警惕,事先作好防备。

娘儿们的心是天上的云

旧时是说妇女的心性不稳定,如同天上飘浮不定的云。

娘要嫁人,天要落雨

娘:这里指代寡妇。意思是寡妇要改嫁,就像天空下雨一样,谁也没法阻止。

鸟爱羽毛,人爱脸皮

比喻人总是爱惜自己的脸面,就像鸟儿爱护它的羽毛一样。

鸟贵有翼,人贵有智

意思是鸟类可贵之处在于有羽翼,有羽翼才可以展翅飞翔;人类可贵之处在于有智谋,有智谋才可以创造生活。

鸟过留音,人过留名

意思是人在自己所经历过的地方,应该留下好声誉,如同鸟儿飞过应该留下美好的叫声一样。

鸟怕暗箭,人怕甜言

说明鸟常常死在暗箭上,人通常由于听信甜言蜜语而上当受骗。

鸟穷则啄,兽穷则攫,人穷则诈

穷:窘迫没有出路。说明到了走投无路时,鸟会用嘴乱啄,兽会用爪乱抓,人会丧失礼义的制约。

鸟雀虽小,飞得颇长

说明鸟雀尽管小,但飞的路途却很长。形容小事情也可能引起大影响。

宁得醇酒消肠,不与日月争光

醇酒:味道纯正的好酒。形容饮美酒的乐趣,超乎一切。

宁去累世宅,不去鲞鱼额

鲞鱼:浅海鱼类,味道鲜美。是说宁肯不要世代居住的宅屋,也不要放弃享受鲞鱼头的美味。也形容鲞鱼头的美味很诱人。

牛食如浇,羊食如烧

形容牛吃过的禾苗就像水肥浇灌过一样生长繁茂,羊吃过的禾苗就像火烧过一样枯萎不长。

弄花一年,看花十日

说明花要经过长时间的精心培养,才可以盛开几天。

女人的心，秋天的云

形容女子的心思就像秋天的云一样飘忽不定，四处飘浮。

P

攀人滚动天下

说明办事时人托人拉关系，可以把各方面的有关人员都调动起来。

烹牛而不盐

是说煮牛肉而舍不得放盐，淡而无味，无法吃。形容人贪图节俭，由小失大，结果前功尽弃，白白辛劳。

Q

七九河开，八九雁来

七九、八九：自冬至开始数九，每九天是一个“九”，九九共八十一天，至七九，天气已变暖，河冰化开；八九，过冬南飞的大雁，重返归来。

七两为参，八两为宝

意思是海参重量达到八两，就被视为宝贝；人参重量达到七两，就称宝参。

七月看巧云

形容七月的云彩，变幻无穷。

欺山莫欺水

指涉水比登山更危险，宁愿爬山，也不要涉水。

骑马坐轿还有三分险

指骑在马背上或坐在轿子里，尽管轻松，但也要担风险。意谓不管做什么事情，都要考虑风险。

起了雾，晒破肚

晒破肚：比喻阳光强烈。意思是早晨雾气能消，必定是个大晴天。

千金之锯，命悬一丝

锯：锯鱼，牙齿如同锯一样。丝：这里指代织渔网的丝。是说锯鱼价值千金，但却在一根网丝上丧命。

千山万湖，只差一步

形容即使走遍千山万水，还差一步，也不能算是已经抵达目的地。

千载难遇虎瞌睡

形容好机会是难得遇到的。

黔地山水不入画

是说贵州山水奇特，就连画家都难以描摹。

遣泰山轻如芥子，携凡夫难脱红尘

芥子：盖菜的籽。凡夫：凡人。红尘：即人世间。是说对有佛法的人来说，携带凡人脱离尘世比挪动泰山还难。

墙头上挂根绳,用不了半天穿过山

墙头:指小丘顶。说明翻山越岭绕行费时,走直线则近些而且便利。

茄子不开虚花,真人不说假话

形容诚实的人心口如一,不会说假话。

亲戚骑上马,吃面细箩打;亲戚骑上驴,荞麦去了皮;亲戚就地走,菜汤窝窝头

指假如骑马来的亲戚,用细箩筛过的上等面招待;骑驴来的亲戚,用去掉皮的荞麦面招待;步行而来的亲戚,用菜汤窝头招待。旧时说明人情势利,依人的贫富地位行事。形容依照人的地位、身份不同,接待的规格也有所区别,态度也冷热不一,人情十分势利。

青山不老,绿水长存

常用来比喻来日方长,后会有期。

清明不带柳,红颜成皓首

皓首:形容年老。旧俗指清明时戴柳球或柳圈,能永驻青春。

清平豆腐杨老酒,黄丝姑娘家家有

清平:旧县名,位于今贵州凯里县西北。杨老:贵州旧城名。黄丝:贵州的旧地名。是说旧时贵州境内的清平县出产豆腐,杨老城出产好酒,黄丝出美女。

穷八站,富八站,不穷不富十八站

站:旧时提供往来官员食宿的驿站,各站之间远近历代略有不同,从汉唐以来多为三十里一站。是说从甘肃阳关[今敦煌西南,为当时通往西域南线的起点]到新疆乌鲁木齐必须经过三十四站,其中有的站较繁华,有的站较静僻。

穷山恶水出刁民

穷山:不生草木的山。恶水:没有鱼虾的水。刁民:即恶人。旧时指山穷水恶的地方民风不纯朴。

穷上山,富下川

川:指平地。比喻穷时上山容易生活,富时下川可以享乐。

穷嫌富不要

意思是穷人嫌弃,有钱人不要。形容这东西毫无用处,谁都不愿要。

穷在闹市无人问,富在深山有远亲

意思是穷人住在闹市里也没人和他来往,富人即使是住进深山里也有人和他攀亲认故。也用来形容旧时世态炎凉,嫌贫爱富。

秋风一起,光棍见底

意思是秋风吹起,天气转凉,光棍缺少御寒的衣物。

秋阳如老虎

是说立秋之后,天气依旧炎热(俗有“秋老虎”的说法)。

蛆枣先红,破蛋先臭

蛆枣:生虫的枣。意思是生虫的枣先发红,破裂的蛋先发臭。也用来说明人或物质变,起初是内因起作用。

娶淫妇，养海青，食水不到想海东

海青：猛禽名，即海雕，又名海东青，栖息于海边或河湖岸边，觅食鱼类或动物尸体，辽金时常有人饲养。是说娶淫荡女子为妻，就像饲养海青，稍不顺心，就想离去。

去河北贼易，去朝中朋党难

河北贼：指占据黄河以北的侵犯者。朋党：指士大夫为自己利益而结成的党派。形容驱逐外寇容易，清除内患则困难。

劝君莫打三春鸟，子在巢中望母归

三春：春季有三个月，所以泛指春天。春天时鸟儿正在哺育后代，不能捕捉。说明要保护动物的繁衍。

R

人背时盐罐子生蛆，人走运卵子都放光

背时：倒运倒霉。卵子：指禽蛋。旧指人倒运的话，什么倒霉的事都会遇上；人走运的话，什么好事都会涌现。

人逼造反，狗逼跳墙

造反：采取反抗行为。是说人要是被逼迫得没有办法，就会采取激烈的反抗行为；狗要是被逼迫得走投无路，就会不顾一切地跳墙而逃。形容人受情势过分威逼，就会感到绝望，会铤而走险，采取过激的行为。

人不辞路，虎不辞山

意思是人不能离开道路，就如同虎不能离开山一样。也用来说明人总是要上路的，上路就离不开别人的帮忙。

人不划算家不富，火不烧山地不肥

划算：筹划，打算。烧山：放火烧山，把柴灰作为肥料。是说家业要兴旺，一定要精打细算。

人不宜好，狗不宜饱

说明待人不宜过好，过好反而会滋生怨恨；喂狗不宜过饱，过饱狗就会懒得守夜。形容人生活条件好了，就容易不知足，如同狗喂饱了，就会变得很懒散，而不去看守家门。

人过三十天过午

意思是人的年纪一过三十岁，犹如一天中的太阳开始偏西一样。也用来说明人过三十就走下坡路了。

人叫人死天不肯，天叫人死定不容

是说人想害死他人，老天不会答应；但是天要灭谁，那是无论谁也挡不住的。旧时说明人的生死存亡，全凭老天掌控。

人靠饭，铁靠钢，一顿不吃饿得慌

是说人是靠饭养活的，一顿不吃也不行。

人可饶人，理不饶人

指人对人能够通融饶恕，不过道理却要作出严正的裁决，丝毫也不能含糊。

人来投主，鸟来投林

意思是人到了一个地方一定要找一个可倚仗的人，才能安全。

人老三不贵：贪财、怕死、不瞌睡

是说有的人上了年纪却增添了三种通病：一爱钱，二怕死，三瞌睡少。

人力可以回天

是说人主观上的奋斗努力，能够改变客观上既定的局势。

人留子孙草留根

意思是人要生儿育女，繁衍后代；草也必须留下根，来春再萌芽生长。

人貌荣名，岂有既乎

荣名：美好的名声。既：确定。是说一个人的相貌和他的名声并不都是完全相符的。另一说法：既作"尽"讲，指人的容貌假如像美德一样，就会受人景仰，永无止境。

人没了人群找，羊丢了羊群找

意思是寻人找物，不能漫无方向，一定要找对路数。

人没名难呼唤，地没名难送饭

是说地和人一样，都必须有自己的称呼。

人莫知其子之恶，莫知其苗之硕

说明人们总是看不见自己的儿子如何丑陋，总是感觉自己的庄稼长得比不上人家的好。意思是人之常情，看儿子是自家的好，看庄稼是别人的好。

人怕横的，马怕蹦的

形容蛮横不讲理的人不好应对，乱蹦不上道的马不好驾驭。

人怕横祸，船怕横浪

意思是人怕意想不到的大祸，船怕无法抵制的横浪。

人怕见面，树怕剥皮

指树剥了皮，难以成活；人见了面，不好撕破情面，事情难做。

人怕揭短，龙怕揭鳞

形容人总是担心别人揭发他的短处，如同龙担心身上的鳞被剥掉一样。

人怕遇难，船怕上滩

是说人怕遭遇灾难无人援救，船怕被搁在浅滩没法前行。

人怯鬼蝎虎，人勇鬼缩头

蝎虎：比喻放肆张狂。人要是懦弱，鬼就放肆狂妄；人要是强悍，鬼就收敛缩头。比喻邪魔怕刚正。

人情大于债

指接受了他人的人情，比欠了他人的债负担还重。

人情溺爱，虽明亦愚

意思是对人偏宠溺爱，即便是聪明人也会被受宠者耍弄。

人穷低三辈

旧比喻人穷了，在人面前犹如低了三辈一样，显得卑微。

人上有人，天上有天

意思是学问、技艺永无止境，高手之上还有高手。

人生世上一台戏

形容人生一世，如同演一台戏一样，喜怒哀乐，转眼即过。

人是地行仙

地行仙：指神话中走路如飞的神仙。指人就像地行仙一样，想要去哪里，便很快就能到达。

人是贱虫，不打不招

旧时把人认为是贱骨头，不施用重刑是不会招供的。指旧时衙门逼供的常语。

人是三截草，不知哪节好

旧时说明人一生的命运，好的、坏的时候都有，犹如三节草一样，不清楚哪一节好。

人是一盘磨，睡着了就不饿

人体就像一盘石磨一样，停止运转时就不需要加料。是说睡眠能够缓解饥饿。

人往活路走，鸟向明处飞

说明哪里生活道路宽广，人就奔向哪里，这同哪里明朗鸟儿就飞向哪里一样。

人未伤心不得死，花残叶落是根枯

是说树根死了，花叶才会枯萎；人假如没有伤及心脏，就不会死去。

人闻长安乐，则出门向西笑；知肉味美，则对屠门而嚼

听闻长安生活安逸，就出门向西而笑；听闻肉的味道香美，就朝着杀猪坊嚼着嘴巴。说明人总是急切向往自己喜欢的事物。

人无志气铁无钢

意思是人没志气就不会有所作为，这同钝铁无钢毫无锋利的道理是一样的。

人养人，吓死人

意思是旧时医药卫生比较落后，女人生孩子常常由于难产而致死。

人要貌相，布要尺量

旧时是说人的智愚善恶，能够从容貌上看出来，就像布的长短能够用尺量出来一样。

人要屋住，鱼要窝歇

是说人有了房子居住，生活才能安稳；鱼有草窝歇息，才能优游自如。

人有见面之情

说明当面求情，比委托人求情效果好。

人在福中不知福

指人在幸福之中，通常不觉得是幸福。也用来说明人的享乐欲念是没有尽头的。

人直有人和，路直有人行

说明人正直，就有人拥戴你；如同道路直了就有人走一样。

人嘴两层皮，反正都是理

是指话是由人说的，或反或正，都可以说出道理。

日落十里赶县城

意思是太阳落山时，离城十里还能够走到县城里。也用来形容夏天天黑得晚。

日没胭脂红，无雨也有风

是说日落时，西方天边呈现出胭脂红色，预示来日不是降雨就是刮风。

日头钻嘴，冻死小鬼

钻嘴：指太阳刚从东方地平线上露出头。说明冬天太阳刚升出地面时，天气最为寒冷。

入国问禁，入里问俗

禁：禁令，指法令不容许的事情。俗：风俗，指风俗不容许的事情。是说新到一个陌生的地方，要问清楚禁忌和习俗。形容到了一个新国家或地方，起先要了解当地的禁令和风俗禁忌，以便于遵循，免得触犯，招致麻烦。

入山要拜土地，出外要靠贵人

旧指入山要拜山神土地，护佑平安；出外要投靠当地有权有势的人，当作靠山。

入乡随俗

说明到了哪里，就要随从哪里的风土人情而改变。

入乡随乡，骑马随鞍

说明无论到什么地方，就要随着当地的风俗习惯。

瑞雪兆丰年

是说大年前的一场好雪，预兆着来年小麦的丰收。

S

塞北梅花少，江南美女多

塞北：也称为塞外，即长城以北。是说塞北气候极为寒冷，连耐寒的梅花也很少开放；江南风景宜人，随处能够看到丽质美女。

三朝迷路发西风

指接连三天出现大雾弥漫，必定会刮西风。

三朝雾露起西风

说明入冬后，接连几天大雾不散，必定会起西风。

三辰不轨，擢士为相；蛮夷不恭，拔卒为将

三辰：指日、月、星，泛指天道。擢：提拔。蛮夷：旧时指四面边界外的民族。是说天道异变时，普通士子也可提升为宰相；外族侵犯时，一般士兵也可擢用为将帅。也用来形容处于特殊时期，用人应当破格。

三伏不热，五谷不结

三伏：即初伏、中伏、末伏的总称，是一年中最为炎热的时候。是说在三伏天天气不热的话，庄稼就不能够成熟。

三九四九冻死狗

形容三九和四九时天气极其寒冷。

三日三夜上杭州,三日三夜回苏州

说明旧时交通不便,苏、杭相隔不远,但行程也需要三天。

杀了高粱才能露出谷子来

是说高粱是高秆农田作物,谷子是低秆农田作物,把高粱砍倒,谷子才能显露出来。形容高层人物不去,低层人物就不能突出。

鲨性沙抱

鲨:鲨蛇,即吹沙小鱼。意思是鲨蛇生性喜欢在沙中活动。

山不碍路,路自通山

是说山不管多高多深,总是有路可行的。

山藏贼,岭藏寇

旧时认为深山僻岭常常是贼寇出没和藏身的地方。

山大有虎,林密多兽

意思是大山密林之中,一定有虎和其他野兽。

山东出相,山西出将

山:指崤山和华山。崤山、华山以东称为山东,以西称为山西。是说秦汉时山东民风尚文,多出文官;山西民风习武,多为武将。

山东响马四川贼

响马:即旧时拦路抢劫的强人。旧时山东响马多,四川则盗贼多。

山东一条葛,无事莫撩拨

葛:本指葛藤,此指代五代后梁葛从周。是说葛从周威慑山东,智勇超群,又无人敢触及。

山高必有怪,岭峻却生精

旧时认为高山峻岭之中一定有妖魔鬼怪。

山高雾浓茶才香

是说名茶多出产在高山峻岭、云雾弥漫的地方。

山高一丈,水深一尺

意思是山有一丈高,水就有一尺深。也用来说明有山就有水。

山高自有客行路,水深自有渡船人

是说再高的山,也有人走的路;再深的水,也有渡人的船。也用来表示世上没有走不通的路。

山沟里头藏美女,鸡窝里头出凤凰

意思是美貌女子常常出在僻野山庄。也说明稀世宝物常常出在不引人注目的地方。

山糊海幔,晒杀老鹳

鹳:一种水鸟。意思是夏天日出时,云雾弥漫,山海模糊,主天晴无云,太阳酷晒。

山里猴子不识货,错把扫把当老虎

形容山沟里面的人,见识少不明白世事。

山路山路，没有准数

形容山里的路程，看着近，走着却远，没有个确切的里数。

山难改，性难移

是说人的本性难改，如同大山难移一样。

山食鹧鸪獐，海食马鲛鲳

獐：形状像鹿而小。马鲛、鲳：都是海鱼名。是说山里的野味，要数鹧鸪和獐子味美；海味，则数马鲛和鲳鱼味美。

山瘦马，怒苦身

意思是跑山路最能把马累瘦，时常发怒最容易伤害身体。

山水还有相逢日，岂可人无会合时

是说人在离别之后，总会有再见面的时候。

山有百草，人有百性

百性：这里多种多样。形容人人都有自己独特的个性和相貌，如同山上长着各样的花草。

山有木，工则度之；宾有礼，主则择之

度：估量。是说山上只要有木材，工匠就会量材使用；宾客讲究礼仪，主人就会优先招待。

山有山脉，水有水道

说明无论什么事情都有它的特点。也用来形容每个人都有自己的个性。

商陆子熟，杜鹃不哭

商陆：多年生粗壮草本植物，浆果呈扁球形。杜鹃：鸟名，啼声凄厉如哭。指商陆的果实酸甜味美，杜鹃贪食不鸣。

上车不落则著作，体中何如则秘书

著作：官名，著作郎。秘书：官名，掌管图籍。意思是上车不落的孩童便作著作郎，只会问候"体中何如"的后生便当了秘书。讥讽门阀制度下贵族子弟凭靠门第当官。

上灯圆子落灯糕

上灯：正月十三夜设灯，称为上灯。圆子：指糯米做成的粉团。落灯：正月十七日收灯，称为落灯。意思就是，上灯时吃粉团，落灯时吃糕。这是一种民间习俗。

上山不跑非马，下山不跑非人

意思是上山跑不动，便不是好马；下山不敢跑，便不是英勇的人。

上山问樵，下水问渔

樵：打柴的人。渔：捕鱼的人。指要上山。得向对山路熟悉的樵夫问路；要下海，得向对水路熟悉的渔夫问路。也用来说明要了解情况，得和内行人请教。

上乡熟，不抵下乡一锅粥

下乡：宋代指苏州、湖州、常州等地。上乡：宋代指杭、睦以东衢州、婺州等地。一锅粥：用粥充饥，此处指荒年收成。是说上乡地区丰年的产粮，还比不上下乡地区荒年的收成。也用来表示下乡是产粮的中心地带。

深山出俊鹞，十字街头出饿殍

鹞：即鹞鹰。殍：由于饿死而倒地的尸体。意思是深山僻野里会出英俊的人才，喧哗闹市里也会存在无力生存的人。也用来形容人才不择地而生。

神山佳话多

意思是神仙居住之处，流传的奇闻逸事通常非常多。

神仙难过正二三

正二三：即农历正月、二月、三月。是说旧时一入正月，便青黄不接，即便有神仙的手段，也无法熬过春荒。

生居洛阳，死葬朱方

朱方：即丹徒，位于江苏西南部。指生前要在繁荣富饶的洛阳居住，死后则要安葬在土质坚固的朱方。

生在苏杭，葬在北邙

苏杭：即苏州和杭州，是繁华富饶的地方。北邙：即邙山，位于今河南洛阳市北，东汉和魏王侯公卿多葬于此。是说活着的时候要住在苏、杭，死后要安葬在北邙。

十七十八，月从根发

说明农历每月十七、十八，入夜无月，一更天时月亮才从地平线缓慢升起。

时和岁丰为上瑞

说明风调雨顺、五谷丰登，是最大的祥瑞。

时来风送滕王阁，运去雷轰荐福碑

滕王阁：位于江西南昌赣江边，唐高祖李渊的儿子李元婴担任洪州（今南昌）都督时所建。相传唐代诗人王勃曾乘顺风船飞驰到洪州，参加洪州牧阎伯屿在滕王阁设办的盛宴，即席写下千古文章《滕王阁序》。荐福碑：荐福寺的碑文，宋代书生张镐流落到饶州（今江西鄱阳）荐福寺，寺僧想拓颜真卿碑帖一千份，卖了给他作路费，不料当晚碑石被雷击毁。意思是时运好时，风能送你上滕王阁；时运不好时，连个碑文也拓不成。也用来形容时运来时能格外称心，时运去时会分外倒霉。

事不过三

指相同的事不能再三重复。形容不能屡次犯相同的错误。

守山的吃山，靠海的吃海

指长久居住在山上的人，凭借山的资源来谋求生活；长久居住于水边的人，凭借水的物产来养活自己。也用来说明干什么营生，靠什么吃饭。

守夜雁后有群雁

守夜雁：担当守夜任务的雁，大雁夜间群栖一处时，有一两只雁担任警戒。是说有守夜雁的地方，就一定有群雁。形容有放哨的人，周围必定有受保护的人群。

兽鲜头，鱼鲜尾

意思是吃兽肉，头部是最鲜美的；吃鱼肉，则尾部是最鲜美的。

双日不着单日着

着：碰上遇到。表示总有一天有可能遇到。

霜凇重雾凇，穷汉备饭瓮

凇：雾或水汽结成的冰花。说明冬天多凇，预示来年丰收，穷人也能有饭吃。

水底生青苔，卒逢大水来

指水底长出青苔，预兆有暴雨来临。

水浸钓鱼台，上下不得来

浸：被水淹没。钓鱼台：位于广东省高要县东南峡山中。是说钓鱼台一旦凡被水淹没，上下游的船只便不能通行。

水来打破李家堤，荆州便是养鱼池

李家堤：即李家埠防洪堤岸。荆州：古代府名，府城位于江陵，今属湖北。指李家埠堤岸十分重要，假如决堤洪水就会淹没荆州。

水能载舟，亦能覆舟

意思是水能载船行驶，也能让船翻没。形容人民能够拥戴一个政权，也能够推翻一个政权。

水是福，雪是财

旧时认为梦到水的有福气，梦到雪的将会发财。

水贼不伤船家，旱贼不伤驮夫

意思是水上强盗不伤及摆渡的船家，旱地强盗不伤及赶车的驮夫。也用来说明水贼伤害船家，旱贼伤害驮夫，就会斩断财路。

水至清易污，人至清遭谤

形容水太清了容易被污染，人太廉洁了容易惹来毁谤和嫉恨。

顺风的旗，逆水的鱼

意思是旗要顺风打，鱼要逆水游。也说明事物各有特点，不能强求一律。

思播田杨，两广岑黄

思播：指思州和播州，都属于贵州省。两广：即广东、广西。旧时指思、播两州的田姓、杨姓和广东、广西的岑姓、黄姓，都是名族大姓。

四时皆是夏，一雨便成秋

是说一年四季都非常热，一下雨就如同秋天般凉。也说明海南气候炎热而又多变。

苏杭不到枉为人

是说不到苏州、杭州一游，就算白来这世间一趟。也用来形容苏、杭景致绝佳。

苏杭两浙，春寒秋热；对面厮啜，背地厮说

厮：相互。啜：喝。旧时认为，苏杭等地人情不纯朴，当面吃喝玩乐，暗地里又互相非议，如同当地春寒秋热多变的天气一样。

苏州头，杭州脚

旧时指苏州的女子喜爱装饰头，杭州的女子喜好装饰脚。

T

太湖三万六千顷

太湖：位于江苏省南部，是我国的第三大淡水湖。用来形容太湖面积广大。

太华之下，白骨狼藉

太华：即西岳华山。白骨狼藉：比喻死人很多。是说上华山原本是为了求长生，但是上山不得法，反倒会葬身山下。

太婆八十八，弗曾见东南阵头发

阵头：此处指云雨的阵势。发：下雨。指未曾有人看到过东南方向起的云能下成雨。是说东南方起的云不会下雨。

泰山不是堆的，火车不是推的

用来说明做事靠的是真实本事，而不是空口说白话。

泰山也有坍倒的日子

是说再强大、再坚牢的东西也有衰落破灭的时候。含有“等着瞧”的意味。

泰山自言高，不及东海崂

崂：即崂山，旧时称为劳山或牢山，位于山东青岛市东北。是说崂山比泰山还高。

昙花易谢，好景不长

昙花：花大，白色，多在夜里开放，开花时间非常短暂。是说得意的日子如同昙花一样，很容易就会消失。

天不可一日无日，国不可一日无君

意思是国家不能没有君王，就像天上不能没有太阳一样。

天干没望朵朵云

意思是天旱时，天上没有接连成片的云彩就不会降雨。

天旱莫望疙瘩云，人穷莫上亲戚门

是说天旱时，云结疙瘩不会降雨；人穷时，去亲戚家招人嫌弃。

天旱收山，雨涝收川

说明天旱时山区庄稼比平川收成好，雨涝时平川庄稼比山区收成好。

天将雨，鸠逐妇

鸠：即斑鸠。妇：指雌斑鸠。是说雄斑鸠追赶雌斑鸠，是降雨的预兆。

天冷水寒，饥寒相连

天气严寒，人体的能量损耗大，容易饥饿。比喻饥饿和寒冷是相连着的。

天凭日月，人凭良心

说明天空凭着太阳和月亮照射，人要凭着良心做事情。

天晴吃猪头，下雨吃羊头

形容贪婪的人不管是晴天还是雨天，都要变着花样让人进献物品。

天若不降严霜，松柏不如蒿草；神灵若不报应，积善不如积恶

蒿：草名。指假如上天不下霜雪，松柏和蒿草便区分不出来；假如神灵不给作恶者以应得的报应，行善也就不如做恶。

天上无云难下雨

是说天上没有云就不会落雨。

天上下雨地下浸，人留子孙草留根

是说好像雨水要浸入地下、草要留下根芽一样，人应留下后代子孙，传延生命，继承事业。

天上有了扫帚云，不出三天大雨淋

是说日落时天上显现扫帚般的云彩，三天内必定会有大雨。

天上有星皆拱北，世间无水不朝东

是说天上的星星都环绕着北斗星，世间的河水最后都东流汇入大海。形容万物都有中心和归宿。

天上竹林，地上少林

竹林：指竹林寺，原离少林寺不远，相传后来升天了。少林寺：位于河南省登封县，是佛教禅宗和少林派拳术的发祥地。意思是少林寺和竹林寺齐名。

天生重庆，铁打泸州

形容重庆和泸州历来都是军事要地。山城重庆是天然的军事要塞。四川泸州在古代时是中原通向西南的门户，有非常重要的战略地位。自蜀汉以来，泸州屡屡发生战争。是说重庆、泸州地势险要，易守难攻。

天下黄河富宁夏

旧时指黄河百害，仅富河套地区。

天下黄河富一套，祁连雪水灌三州

一套：即夹持在贺兰山、阴山和鄂尔多斯高原之间的河套平原，是内蒙古和宁夏两自治区的重要农业区，很早就以“黄河惟富一套”和“塞外米粮川”而知名全国。形容河套平原和甘州、凉州、肃州一带水源充裕，美丽富饶。

天下黄河一道桥

旧时指甘肃省兰州北门外用船相连接而成的镇远桥是交通要道。

天下名山僧占多

意思是著名的风景山区多被和尚寺院所占据。

天下太平，夜雨日晴

说明夜雨日晴，不误农事，五谷丰登，天下就能太平。

天下未乱蜀先乱，世界易平川难平

蜀：即四川一带。说明四川地势险要，易守难攻，从古至今叛乱较多。

天下无水不朝东

说明中国的河流都是自西向东流。

天有不测风雨，人有当时祸福

说明人的灾祸就像风云变幻，说来就来说走就走，难以预料。

天糟有雨，人糟有祸

糟：谐“燥”、“躁”。是说天燥热就会降雨，人烦躁就有灾难。

田怕秋旱，人怕老穷

说明田禾怕秋季干旱没有收成，人怕老来穷困没有倚靠。

铁树也有硬虫攒

形容再坚硬的东西，也会遭虫咬。

偷风不偷月,偷雨不偷雪

说明盗贼犯案,趁刮风能遮响声,趁下雨能掩行迹;忌讳月夜雪天,容易暴露身影行踪。

吐鲁番葡萄、哈密瓜,库车姑娘一枝花

用来说明吐鲁番的葡萄和哈密瓜,库车美丽的姑娘,都是新疆人引以为豪的。

W

晚晌火烧云,明早晒煞人

意思是黄昏时西边天空云朵火红,预示来日大晴。

万里长江,险在荆江

荆江:为长江的一段,从湖北枝江到湖南岳阳县北。形容荆江河道蜿蜒曲折,水流湍急。

王母甘桃,食之解劳

意思是洛阳所出产的王母桃,甜美爽口,吃了能够消除疲劳。

网鱼得屿,不如啖茹

屿:鱼名,也称为鲢鱼。啖:吃。茹:蔬菜的总称。是说鲢鱼肉不好吃,吃它还不如吃素菜。

网中得蟹,无鱼可卖

旧时指网渔网到蟹,是不吉利的征兆,预示会捕不到鱼。

望山走倒马

是说看到山觉得很近,事实上还有很远的路途。

望雨看天光,望雪看天黄

望:盼望期盼。意思是天色发亮有雨,天色发黄则有雪。

为人解忿息争,胜造七级浮屠:唆人告状倾家,定入阿鼻地狱

说明为人须给人调解争纷,不能教唆人告状吃官司。

未到乌江心弗死,待到乌江死弗及

说明人没有到死时很多事都想做,一旦临死,就任何事也来不及做了。

乌鸦共喜鹊同行,吉凶事全然未保

旧时认为乌鸦预示着凶事即将来临,喜鹊预示着喜事即将来到。乌鸦和喜鹊同时到来,便不清楚是福是祸。

屋檐水滴三分雨

表示农家常常在下雨时以屋檐滴水来判定雨量。也指见到屋檐开始滴水,便清楚有三分雨量。

无陂不成镇

陂:即湖北黄陂。假如没有黄陂人去那里做生意,这个地方就不能称得上是一个贸易集市。形容黄陂人最擅长贸易。

无湘不成军

意思是没有湖南人就不成军队。旧时指湖南人当兵的相当多。

五更天鬼龇牙，寒冬腊月人冻煞

一天中最寒冷的时候是五更，一年中最寒冷的时候则是腊月。

五月旱，不算旱，六月连阴吃饱饭

夏历五月是麦收节气，即便天旱也无关紧要；而夏历六月正是农作物生长的时候，雨水多则有利于以后的收成。

五月下峡，死而不吊

峡：此处指长江三峡。是说农历五月间长江三峡水流险急，船行到此会造成船毁人亡。旧时习俗忌五月入峡，凡触犯某忌丧生者，无人吊唁。

五岳归来不看山，黄山归来不看岳

五岳：即东岳泰山，西岳华山，南岳衡山，北岳恒山，中岳嵩山，为我国的五大名山。黄山：位于安徽省南部，是我国著名游览胜地。是说游过五岳，其他山就不值得再看；游过黄山，也就不必再去五岳。说明黄山风景奇丽，汇集了群山的优点。

物各有主

说明每一样物品都有自己的主人。形容世上不管什么物类，各自都有它的主人。

雾沟晴，雾山雨

指雾笼罩住山沟，预示天晴，笼罩住山顶，预示下雨。

雾露不收即是雨

意思是太阳出山后，雾露依旧不消散，是将要降雨的预兆。

X

西风吹得紧，东风来回敬

是说西风大作之后，就会转变为东风。也形容顺境逆境，通常交相出现。

西风响，蟹脚痒

西风：秋风。是说秋风一刮，螃蟹就忙着爬动，找寻交配、产卵的合适地方。

下雪不冷消雪冷

意思是下雪时吸冷放热，人们不感觉冷；雪融化成水时，吸热放冷，因此感觉冷。所以，消雪天感觉较冷。

夏走十里不黑，冬走十里不亮

形容夏季白天时间长，冬季黑夜时间长。

先下牛毛没大雨，后下牛毛不晴天

说明下雨时，起初是牛毛细雨，不会有大雨；大雨歇后，天不放晴，牛毛小雨淅沥不断，接着还会有大雨。

小麦盖层被，搂着馒头睡

意思是冬天有一场好雪覆盖麦田，来年麦子必定丰收，有吃不尽的白面馒头。

歇山靠山，靠山养山

说明住在山边，就要凭借山里的资源生活；要靠山生活，就必须建设山，爱护山。

星多夜空亮，人多智慧广

说明星多能够从各处照亮夜空，人多能够从各个方面考虑问题，得出对事物的全方位认识。

性急钓不得大鱼

是说钓大鱼需要有很好的耐心。也比喻性急的人难成就大的事业。

雪花六出，预兆年丰

六出：雪片形状为六边结晶体。说明雪片分六瓣，预示来年庄稼会有好收成。

雪怕太阳草怕霜，人过日子怕铺张

说明雪受到日晒就融化，草遭遇霜打就蔫萎；人如果铺张浪费，日子就不能好过。

蚜虫腻一腻，秋后唱大戏

唱大戏：表示庆贺丰收。说明农作物有少量蚜虫并无大害，同样能够获得丰收。

牙郎牙郎，信口雌黄；没本没利，买田盖房

牙郎：牙侩，指旧时市场交易的中人。雌黄：一种颜料，古人抄书常用雌黄涂改，所以把乱改文字称为“妄下雌黄”，随口乱说为“信口雌黄”。说明旧时牙行只凭借一张嘴欺诈钱财，发家致富。”

严霜出杲日，雾露是好天

杲：形容明亮。是说清早出现浓霜雾露，必定是个晴朗的好天气。

雁过成人，鱼过成群

是说雁是排成“人”字而飞的，鱼是聚成一群游迤的。

燕子不吃落地的，鹁鸪不吃喘气的

鹁鸪：也称为水鸪鸪。是说燕子不吃落地的食物，鹁鸪不食带病的虫蚁。形容富贵人家生活讲究。

燕子低飞要下雨

说明燕子飞得很低的话，就是下雨的征兆。

扬子江心水，蒙山顶上茶

扬子江：古时以长江在扬州的一段称为扬子江。蒙山：这里指四川雅安县境内的蒙山。是说扬子江心的水，蒙山顶上的茶，不仅是水与茶中的上品，并且有治病的功效。

杨柳青，放风筝；杨柳黄，扯响簧

扯响簧：是四川盛传的一种游戏，响簧形如哑铃，木制中空，用绳扯起，能腾空旋转，嗡嗡作响。说明四川地区春天时流行的民间习俗——放风筝和扯响簧。

羊羹虽美，众口难调

说明羊羹尽管味道鲜美，但是也难合众人的口味。形容很难让所有的人都满意。

羊群里丢了羊群里找

说明在哪儿丢失的，还得从哪儿再找回来。

养痴奴，乘羸马

羸：指瘦弱。说明用奴仆要用不机敏的，骑马要骑脚力较差的。旧时认为奴才精要惹祸，马太骏会撒野。告诫人们，要使用老实驯服的仆人为好。

养儿待老,积谷防饥

指培育儿女是为了年迈时有人赡养,贮藏谷物是为了发生饥荒时不至于挨饿。

要得穷,弄毛虫

毛虫:长毛的虫子,指鸟。形容玩弄鸟儿,不务正业,必定会变穷。

要捉栖鸟必留窝

栖鸟:夜间在窝里过夜的鸟。说明要捕捉窝里的鸟,一定要给它留着窝。形容要捕有家室的人,就不要惊动他的家。

叶落各有期,花开自有时

是说叶生叶落,花开花谢,都有一定的时期。也用来形容一切事物都有定律和规则。

一笔写不出俩绿林来

绿林:汉末年,王匡、王凤等聚众起义,占领绿林山[位于今湖北大洪山一带],号称为"绿林军",后以"绿林"来泛指聚众造反的武装力量,也指打富济贫的群体。旧时指普天下的绿林好汉都是一家。

一表三千里,表到哪里是哪里

表:中表[亲戚],即和祖父、父亲的姐妹的子女的亲戚关系,或和祖母、母亲的兄弟姐妹的子女的亲戚关系。原指说书人讲故事,话题冗长,常常讲到哪里就在哪里告一段落。也指人的表亲通常很多。形容在亲属中表亲最多,分布地域很广阔,很难算得明白。

一场秋雨一场寒

意思是入秋后,每降一场雨,气温就会降低一次。

一个星,保夜晴

是说雨后夜空只要呈现一颗星,当夜必定会晴。

一方水土养一方人

意思是不同地域的人,风俗习惯等都各不相同。

一黑一亮,石头泡涨

石头泡胀:比喻雨势又大,时间又长。说明阴雨天气,要是时而天色黑沉,时而又呈现明亮,是阴雨连绵的预兆。

一花不是春,独木不成林

说明一枝花扮不成春天,一棵树构不成森林。形容一人一家的兴旺,不是真正意义上的繁荣昌盛。

一滩高一尺,十滩高一丈;仔细思量起,郴州在天上

郴州:即今湖南省郴州市。形容郴州地势很高。

一物自有一主

说明每件物品都有其合适的主人。形容每一种物品一定有一个可以使用它的主人。

一叶落而知天下秋

意思是由一片树叶的飘落就能晓得秋天到了。比喻以点滴的变化推知全局的变化。

伊洛鲤鲂，美如牛羊

伊、洛：即伊河和洛河。鲤、鲂：即鲤鱼和鲂鱼。说明伊河、洛河中的鲤鱼和鲂鱼，味鲜美如牛羊肉。

以时及泽为上策

时：适当的农时。泽：雨润。说明适宜的农时和适当的雨润，是农田播种的最好时机。

易涨易落山溪水

说明山间的溪水没有固定的流量，山洪暴发时水势便凶猛，山洪过后，水势便回落。

有鸡就有蛋

意思是饲养了母鸡，便不愁没有蛋。形容只要保存主体力量，就不愁事业得不到发展。

有钱难买雨浇梁

意思是建房上梁时难得有一场细雨浇洒。也用来说明雨水浸润能让榫头卯眼更加牢固。

有心避谤还招谤，无意求名却得名

说明存心回避毁谤，反倒会招惹诽谤；无意求取声望，声望却是很高。说明修身重在务实。

有心不在忙

意思是既然有诚恳的心愿，就不必争时间的早晚。

鱼儿离不开水，渔民离不开船

泛指渔民凭靠打渔船来维持生计。

鱼过千层网，网后还有鱼

说明捕鱼网织的再密，撒网的次数再多，也还会有漏掉的鱼。也用来形容搜查再严密，也会有搜不到的地方。

鱼怕水浅，人怕护短

意思是鱼在浅水中，容易被捕捉；人要护着短，愈护愈糟糕。

鱼知三日水，水知三日风

说明洪水来临之前，鱼有反应；风暴来临之前，水有反应。

雨打五更，日晒水坑

说明天亮之前突然降雨，那中午必定是个大晴天。

雨打一大片，雹打一条线

说明下雨是一方全下的，而下冰雹是顺着一条线下的。

欲知世味须尝胆，不识人情只看花

旧时形容世味犹如苦胆一样苦涩，人情犹如花开花谢一样变得快。

月过十五光明少，人过中年万事休

旧时认为人一过中年，就一天天走下坡路，不会再有什么大的作为，就像过了月半的月亮一样，光明一天天在变弱。

月如悬弓，少雨多风；月如仰瓦，不求自下

说明月牙的缺口向下，则预示多风；月牙的缺口向上，则预示多雨。

月晕而风，础润而雨

指月晕出现，即将刮风；础石湿润，就将要下雨。意思是从某些预兆中能够推知即将发生的事情。

月晕主风，日晕主雨

晕：指日月周围的气体光圈。意思是月亮周围有晕圈，预示有风；太阳周围有晕圈，预示有雨。

云行东，车马通；云行西，马溅泥；云行南，水涨潭；云行北，好晒麦

说明从行云方向上可判断风雨。云往东，则无雨；云往西，则有细雨；云往南，则将降暴雨；云往北，则将会是晴天。

Z

扎鱼不扎母子鱼，打猎不打失群雁

母子鱼：即将产子的鱼。失群雁：离失群体的孤雁。说明即便是捕鱼打猎，也要存有怜悯之心。

朝发黄牛，暮宿黄牛；三朝三暮，黄牛如故

黄牛：指湖北黄牛山黄牛峰。意思是清早从黄牛山下出发，到晚上仍旧宿在黄牛山下；舟行三天，看见的黄牛峰还是原来的模样。也用来形容黄牛山下江水险急，舟行艰难。形容黄牛峰非常高，走远了仍然能够看到。

朝西暮东风，正是旱天公

意思是农历五月，早上刮西风，到晚上又转为刮东风，预示着天气晴朗。

朝霞不出门，暮霞行千里

说明清晨出现红霞，则傍晚将会有雨，行人不宜出行；傍晚出现红霞，则预兆近数日无雨，能够出远门。

朝霞暮霞，无水煎茶

意思是久晴之后，假如发生一天之中早晚都有红霞的天气，那就要遭遇大旱灾。

涨潮一尺，鱼满一仓

表示潮水越大，捕的鱼就越多。

猪长三秋，鱼长三伏

说明猪长膘最快的时节在秋天，鱼生长最快的时节在暑天。

早霞不出门，晚霞行千里

指清晨有霞光，预示当天天气不好，不宜远行；黄昏有霞光，预示第二天天气好，适合出远门。

早知灯是火，饭熟已多时

形容早知道是这样，事情早已做好了。

只有千日做贼,没有千日防贼

说明贼是天天要作案,不过人们总不能天天防贼。也用来表示长久地防备盗贼是不容易的。形容人们很难做到长久地、时时刻刻地防范偷盗。

子孝双亲乐,家和万事成

表示儿子孝顺,父母就没有忧愁;家庭和睦,万事都能办成。说明孝顺与和睦是家庭生活的两大支柱。

自个儿事,自个儿急

表示自己的事情,自己最关切,最担心。

自古华山一条路

华山:即五岳中的西岳,位于陕西省华阴市南,山势巍峨险峻,陡峭如削。是说自古以来,自华山山脚到山顶南北一线仅有一条相当艰险的通道。

自古饶人不是痴

说明能饶恕别人的人,并不是痴汉。

自己的孩子,自己知道小名儿

小名儿:又称乳名,孩子刚生下时取的名。比喻对自己的人最清楚底细。多指清楚自己人的短处。

自己伤风打喷嚏,莫怨人家炒辣椒

形容毛病要从自己身上找,不要只责怪他人。

纵有家产万贯,不如钧瓷一件

形容钧瓷的价值非常高。

竹子开花,改朝换代

旧时认为竹子开了花,就是改朝换代的征兆。

嘴是扁的,舌头是软的

说明话是由人说的。同样的事,能够说好,也能够说坏,能够说成,也能够说不成。

作好千日不足,作坏一朝有余

做好事即便千日也还难结善果,做坏事即便是一日,也能够使事业败坏。说明做好事贵在坚持,坏事则绝对不能做。